FANGWU ZHENGSHOU, ZHENGDI BUCHANG
FALÜ WENTI YIBENTONG ANLI JIEDUBAN

房屋征收、征地补偿
法律问题一本通
案例解读版

贾国昌　谭朋涛 / 著

中国法制出版社
CHINA LEGAL PUBLISHING HOUSE

序 Preface

2021年是我律师执业生涯的第十三个年头，这十几年我和我的团队专注于行政复议和行政诉讼领域，主要处理涉及房屋和土地征收、违章建筑等引起的行政纠纷诉讼。十几年间，我做了两百多个案件。过去了这么些年，我总想留下一些自己的思考和观点，但是总没有合适的时间来梳理做过的案件和经历的事情。断断续续地整理，总算是基本梳理了一些过往的案件。

征地以及违章建筑等涉及房屋纠纷的案件越来越多，这类案件相对复杂，可以启动的法律程序很多，也会涉及行政复议及行政诉讼的选择。一个案件会涉及多个政府部门的行政职责及作出的具体行政行为。比如，立项、环评、规划、用地审批，以及市、区人民政府的征收职责。有些具体行政行为需要律师接收案件后，到相关部门调查取证，有的需要申请信息公开。在繁多的行政行为中，往往需要凭借律师的经验，以实现当事人利益作为准则去启动相应的法律程序，制订法律实施方案，而不能全部启动，否则既会给当事人带来讼累，也会浪费行政资源、司法资源。在民事诉讼或者刑事诉讼中，不会纠结于启动哪个法律程序，因为一般都相对固定。而解决征地类问题的案件，不是启动一个法律程序或者只经历一审、二审就能结束的，需要启动组合的法律程序，如在一个房屋征收的案件中，会涉及土地被征收的行为、房屋被强制拆除的行为，那么我们首先要确定土地是否被有权机关合法征收，房屋被谁强制拆除，房屋的补偿依据等内容。而对于集体土地，大多批准征收的机关为省级人民政府，在这一过程中，涉及很多细节问题，如是否征求过集体经济成员的意见，有无听证行为，地方政府在征地实施过程中有无制作并张贴征收公告及征收补偿安置方案的行为，是哪个政府部门实施的行为，有无证据证明等。另外，启动的法律程序是对批准征收的行为提起行政复议，对房屋被拆除的行为提起行政诉讼要求确认违法，还是对于房屋的价值提起行政赔偿行政诉讼等，也是需要考虑的。

面对当事人，我们凭借专业法律知识，尽可能通过法律程序帮助当事人寻求法律救济，获取应得的利益。

这本书里的案例，都是我们团队亲自做的案件，我们把它们写出来，不仅仅是为了说明我们是一个专业的律师团队，还希望能够帮助到那些需要帮助的人。当你们还在犹豫不决是否走法律程序时，希望看到我们写的这本书，能够给你们勇气，选择通过法律程序，正当地维护自己的合法权益。

贾国昌

2022年1月15日

目录 Contents

三、征地补偿标准协调案

四、撤销限期拆除决定、征收决定、处罚决定案

五、确认拆除房屋违法案

六、行政赔偿案

一、确认征地违法案

违法征收土地、补偿不到位怎么办？

——徐州市某区被江苏省人民政府确认征地违法案

根据《土地管理法》，有权作出征地批复的机关一是国务院，二是省政府。而针对征地批复行为不服的，必须申请复议，不能进行诉讼。针对征地批复提出的复议申请，最终请求获得支持相对是不多的。以下三个案件由于承办案件律师调查取证充分，撰写文书援引法律依据得当，复议请求均得到当地省政府的支持，最终确认征地批复中征收集体土地违法。

一、基本案情

江苏省徐州市某区55户村民因征地补偿纠纷来我所咨询，后签订《委托代理合同》。我所指派律师承办此案件。律师出差到达徐州调查取证，经走访区国土、环保、发改等部门，复制了涉案地块的全部卷宗。经核实，其中6个征地批复与村民存在利害关系。6个征地批复中，2009年有3个，2012年有2个、2013年有1个。实际占地行为发生在2009年，徐州市2011年又调整了土地及附着物补偿标准。

那么，55户村民的哪些土地属于2012年、2013年批次征地范围？哪些属于2009年批次征地范围？村民实际获得的补偿和应该获得的补偿是多少？村集体提留的比例是多少？2009年所占地块与2012年、2013年作出批复地块是否是同一地块？因此，弄清楚这些问题是办理好案件的前提。与医生辨证后方可施治一样，律师必须了解清楚基本案件事实，结合法律法规，而后才能制订合理的办案方案，否则，就不可能办理好案件。

经实地调查、询问村民，结合勘测定界图，与国土部门反复沟通，最终确定了各个批次征地的位置、面积。55户村民的土地共计100亩，其中大部分土地属于2012年、2013年批次征地范围。通过询问村民，得知所有土地实际获得的补偿都是按照2009年批复配套的《征地补偿安置方案》确定的补偿标准，水田土地补偿费标准为1.6万元/亩，安置补助费为1.3万元/人，青苗补偿费为700元/亩。

徐州市人民政府于2011年4月25日发布了《关于调整

征地补偿标准的通知》（徐政发〔2011〕60号）。根据该通知，涉案土地辖区属于四类地区，其中旱地1800元/亩、水田2000元/亩、粮菜轮作地2200元/亩、菜地2900元/亩，安置补助费1.7万元/人，青苗补偿费按一季农作物产值计算，其标准按相应耕地产值的0.5倍计算。江苏省人民政府《关于调整征地补偿标准的通知》（苏政发〔2011〕40号）第2条规定："……被征地农民家庭承包地被征收，农村集体经济组织如未能调整其他质量和数量相当的土地给其继续承包经营的，必须将不少于70%的土地补偿费支付给被征地农民……"这是村民至少应得土地补偿费的比例。综上，本案存在的问题一是违法占地，程序违法；二是未足额进行补偿。针对如上事实，律师团队集体研究，制订总体方案。其中一个重要程序就是针对征地批复向江苏省人民政府提出行政复议。

二、律师办案

在向江苏省人民政府提出行政复议的过程中，以上述事实为基础，结合法律规定，着重提出了如下理由，请求撤销征地批复。

（一）《征地批复》的报批程序违反法律规定，侵害了被征地农民的知情权、确认权、依法申请听证等权利，依法应当予以撤销。

该幅土地的报批材料中，《征地结果调查确认表》并非被征土地农民本人签字，相关单位也没有在征地报批前将拟征土地的用途、位置、补偿标准、安置途径等以《征地告知书》的形式告知被征地农民，也没有告知被征地农民对拟征土地的补偿标准和安置途径有申请听证的权利。其中《征地告知书》并未依法在法定期限内公告，《征地告知书送达证明》也是在2014年9月初次见到，违反了《国务院关于深化改革严格土地管理的决定》（国发〔2004〕28号）第3条第14项“健全征地程序。在征地过程中，要维护农民集体土地所有权和农民土地承包经营权的权益。在征地依法报批前，要将拟征地的用途、位置、补偿标准、安置途径告知被征地农民；对拟征土地现状的调查结果须经被征地农村集体经济组织和农户确认；确有必要的，国土资源部门应当依照有关规定组织听证。要将被征地农民知情、确认的有关材料作为征地报批的必备材料”及《国土资源部关于完善征地补偿安置制度的指导意见》（国土资发〔2004〕238号）第3条[1]“（九）告知征地情况。在征地依法报批前，当地国土资源部门应将拟征地的用途、位置、补偿标准、安置途径等，以书面形式告知被征地农村集体经济组织和农户……（十）确认征地调查结果。当地国土资源部门应对拟征土地的权属、地类、面积以及地上附着物权属、种类、数量等现状进行调查，调查结果应与被征地农村集体经济组织、农户和地上附着物产权人共同确认。（十一）组织征地听证。在征地依法报批前，当地国土资源部门应告知被征地农村集体经济组织和农户，对拟征土地的补偿标准、安置途径有申请听证的权利……”的规定。江苏省国土资源厅《关于进一步规范征地报批前有关程序的通知》（苏国土资发〔2008〕293号）进一步强调要贯彻落实上述规定，并在该通知第2条明确规定，应将征地报批前被征地农民知情、确认的下列有关材料列为征地报批的必备材料：（一）《征地告知书》和《征地告知书送达证明》；（二）《征地调查结果确认表》；（三）按规定举行听证的，应当提供听证笔录、听证纪要或听证情况的说明材料。根据上述规定，被征地村民认为该幅土地的报批程序违

① 为贯彻实施新修的《土地管理法》，2020年被清理废止。现参见2019年修订的《土地管理法》第47条、第48条等相关规定。

反法律规定，侵害了村民的知情权、确认权、依法申请听证等权利，依法应当撤销。

（二）实际实施征地的行为发生在江苏省政府作出征地批准之前，当地政府涉嫌未批先占，属于违法。

涉案土地为集体所有的农用地，实际占地行为发生在省政府作出征地批复之前。《土地管理法》（2004）第43条规定："任何单位和个人进行建设，需要使用土地的，必须依法申请使用国有土地……"第44条第1款规定："建设占用土地，涉及农用地转为建设用地的，应当办理农用地转用审批手续。"第45条规定："征收下列土地的，由国务院批准：（一）基本农田；（二）基本农田以外的耕地超过三十五公顷的；（三）其他土地超过七十公顷的。征收前款规定以外的土地的，由省、自治区、直辖市人民政府批准，并报国务院备案。征收农用地的，应当依照本法第四十四条的规定先行办理农用地转用审批……"①由此可知，占用农民集体土地必须经过法定的审批程序。在本案中，当地政府在江苏省政府未作出征地批复的情况下，圈占村民土地，属于违法行为。

① 《土地管理法》2019年修订后，现参见第44条、第46条等相关规定。

（三）被征收土地村民未获得依法足额支付的土地补偿费、安置补助费、青苗补助费等费用。

根据涉案《征地补偿安置方案》的补偿标准，土地补偿确定的补偿费为每亩地 2 万元，安置补助费为每人 1.7 万元，青苗和附着物补偿标准适用《徐州市政府关于调整征地补偿标准的通知》（徐政发〔2011〕60 号）。涉案土地均为具有良好灌溉条件的“吨粮田”，但村民实际仅领取了每亩不足 2.2 万元的补偿款。

依法、足额支付土地补偿费等费用是征地过程必须严格遵守的，对此，从国务院到徐州市均有一系列的规定。《国务院关于深化改革严格土地管理的决定》（国发〔2004〕28 号）第 3 条第 12 项规定：“完善征地补偿办法。县级以上地方人民政府要采取切实措施，使被征地农民生活水平不因征地而降低。要保证依法足额和及时支付土地补偿费、安置补助费以及地上附着物和青苗补偿费……”《江苏省征地补偿和被征地农民社会保障办法》（江苏省人民政府令第 93 号）第 9 条第 1 款规定：“征收农民集体所有的土地，应当依法足额支付征地补偿费用，安排被征地农民的社会保障费用。征地补偿费用包括土地补偿费、安置补助费、地上附着物和青苗补偿费。”《徐州市征地补偿和被征地农民社会保障实施办法》（徐政规〔2014〕1号）第9条第1款规定：“征收农民集体所有的土地，应当依法足额支付征地补偿费用，安排被征地农民的社会保障费用。征地补偿费用包括土地补偿费、安置补助费、地上附着物和青苗补偿费。”根据上述规定，当地政府应当及时依法足额支付农民土地补偿等费用。

（四）相关部门没有依法告知被征地农民社会保障对象、项目、标准以及费用筹集办法等情况，没有按规定履行征地报批前有关程序，严重违法，应当撤销。

相关部门没有将被征地农民社会保障对象、项目、标准以及费用筹集办法等情况告知被征地农民，批准征地的行为严重违反《国务院关于加强土地调控有关问题的通知》（国发〔2006〕31号）第2条“征地补偿安置必须以确保被征地农民原有生活水平不降低、长远生计有保障为原则。各地要认真落实国办发〔2006〕29号文件的规定，做好被征地农民就业培训和社会保障工作。被征地农民的社会保障费用，按有关规定纳入征地补偿安置费用，不足部分由当地政府从国有土地有偿使用收入中解决。社会保障费用不落实的不得批准征地”及《关于切实做好被征地农民社会保障工作有关问题的通知》（劳社部发〔2007〕14号）第3条“被征地农民社会保障对象、项目、标准以及费用筹集办法等情况，要纳入征地报批前告知、听证等程序，维护被征地农民知情、参与等民主权利……对没有出台被征地农民社会保障实施办法、被征地农民社会保障费用不落实、没有按规定履行征地报批前有关程序的，一律不予报批征地”的规定，违法并应当撤销。

（五）相关单位未对农民采取有力的社会保障措施，导致农民生活水平因征地而下降，长远生计无保障。

《国务院关于深化改革严格土地管理的决定》（国发〔2004〕28号）第3条第12项规定：“……依照现行法律规定支付土地补偿费和安置补助费，尚不能使被征地农民保持原有生活水平的，不足以支付因征地而导致无地农民社会保障费用的，省、自治区、直辖市人民政府应当批准增加安置补助费……”《江苏省征地补偿和被征地农民社会保障办法》（江苏省人民政府令第93号）第4条规定：“被征地农民社会保障应当遵循即征即保、应保尽保、分类施保、逐步提高的原则，与促进就业相结合，将被征地农民纳入城乡社会保障体系，确保被征地农民原有生活水平不降低，长远生计有保障。”第 23 条第 1 款、第 2 款规定：“被征地农民社会保障资金主要包括安置补助费及其增值收益和市、县（市）人民政府从土地出让金等土地有偿使用收益中安排的社会保障费用。被征地农民社会保障资金不足的，由市、县（市）人民政府负责解决。被征地农民社会保障资金的最低标准按照当地农村最低生活保障标准的 1.1 倍乘以 139 计算。具体标准由市、县（市）人民政府确定，并报省人民政府备案。”《徐州市征地补偿和被征地农民基本生活保障实施办法（试行）》（徐政规〔2014〕1 号）第 20 条对被征地农民按照年龄划分为三类人群，第 21 条、第 22 条、第 23 条规定了相应的保障制度，其中第 24 条第 1 款、第 2 款明确规定：“被征地农民社会保障资金主要包括安置补助费及其增值收益和市、县（市）区人民政府（管委会）从土地出让金等土地有偿使用收益中安排的社会保障费用。被征地农民社会保障资金不足的，由市、县（市）区人民政府（管委会）负责解决。被征地农民社会保障资金的最低标准按照当地农村最低生活保障标准的 1.1 倍乘以 139 计算。”

由此可见，从国务院到江苏省、徐州市，对征地补偿和被征地农民社会保障方面均有明确且可操作的措施，但问题的关键在于落实。“世不患无法，而患无必行之法”。有法可依是前提，有法必依是关键。

虽然涉案征地批复是2012年、2013年作出的，但是涉案耕地自2009年被占用，已经堆满建筑垃圾，无法耕种。土地是农民生存的根本。本案中一些村民有的已是六七十岁的老人，在家无地可种，外出无工可打，生活困难。年龄最大的黄某已经82岁高龄，对于这个年龄的老人，如果能够得到合理、及时的补偿，一般是不愿去打官司的。某区政府从节约集约土地资源角度出发，优化用地布局结构，加强基础设施建设，提高城市综合效能的初衷是好的，但是不能忽略村民生活出路和长远生计，否则就会违背社会发展的根本目的，也不利于社会稳定与和谐。

三、案件总结

向江苏省政府提出行政复议申请后，其中2012年、2013年的三个征地批复得到了省政府的支持，因存在未批先占的违法情形，最终被省政府确认征地违法。2009年的征地批复作出时间较早，超出了法定复议期限，未被省政府受理。针对不予受理通知，村民又向南京市中级人民法院起诉。受理案件后，律师与承办案件法官进行了充分的沟通交流，开庭时表达了协调意愿，后南京中院派法官专程赶到徐州市主持了协调，徐州市政府法制办、某区政府法制办、某区国土局等领导参加了协调会。在会上，承办律师代表村民针对征地过程中存在的未足额补偿、未批先占、土地闲置、暴力征占土地等问题发表了意见，表达了村民要求依法足额补偿的诉求。讲述法律规定的同时陈述了村民的困难，兼顾法律、政治、社会效果，赢得了与会领导的认可。为了推动协商的顺利进行，承办律师撰写了本案违法情况说明，向相关部门进行了反映。最终该案得到了妥善解决，相关村民均获得了依法足额的补偿。

征地报批材料中存在伪造签名怎么办?

——国务院撤销安徽省政府复议决定、确认安徽省亳州市某县征地违法案

行政案件最终诉求得到支持的比例一般相对于民商事案件要低得多，能够在国务院行政裁决中撤销省政府复议决定、确认征地违法的案件就更少，这是因为行政复议(诉讼)中，政府作为被告无论是法律意识还是专业知识水平，与一般民众相比都要更高。近年来行政案件量激增，很多行政诉讼的案子民众也打赢了，这增强了行政相对人依法维护自身合法权益的信心，也让民众更信赖法律、相信政府。

一、基本案情

2011 年 12 月 31 日，安徽省人民政府依法作出《关于某县 2011 年第 2 批次纳入增减挂钩试点管理使用先行复垦建设用地指标的批复》(皖政地(纳入增减挂钩)〔2011〕× × 号),

同意征收某县农民集体所有土地 19.6585 公顷、农民集体建设用地 2.1028 公顷。因征地补偿标准不能保证村民生活水平不降低、长远生计有保障，审批过程中未保障村民知情权、确认权、依法申请听证等权利，李某等 150 户村民慕名找到我所，由我们代为提起法律程序。

二、律师办案

李某等 150 户村民于 2016 年 5 月 11 日来我所咨询并签订委托代理合同。律师介入伊始，村民并不知道自己的土地究竟有没有征地批复，更不知道具体是哪个征地批复，案件承办律师首先要通过调查取证，确定土地四至范围、建设项目名称，最终查找到涉案征地批复。确定征地批复之后，经团队集体研究，制订了总体办案方案。前期准备工作就绪后，向安徽省人民政府申请行政复议，请求依法撤销本案征地批复。

行政复议案件一般以书面审理为主，但本案涉及人数较多，案情复杂，承办律师根据本案实际情况，依法向安徽省人民政府提出了听证申请，并专门到安徽省人民政府当面陈述案情。经律师努力，最终争取到了安徽省人民政府案件承办人员到案件现场进行调查、举行听证的机会。听证会在当地镇政府会议室举行，为使案件承办人员能够充分了解案情，律师逐一列举了证据及相应的证明目的，并重点强调了如下四点。

（一）申请人被征土地原为阜阳地区批准的蔬菜种植基地，按照本次所适用的征地补偿标准进行补偿，不足以保证村民生活水平不降低，长远生计有保障，被申请人认定事实错误。

申请人被征土地原为阜阳地区 1978 年、1982 批准的蔬菜种植基地，人均耕地面积只有几分地。申请人为种植蔬菜花费了大量的人力、物力，涉案土地平均年产值为每亩 4 万元，而种菜收入是申请人生活的唯一来源。

首先，不足以保证村民生活水平不降低。按照每亩地 1520 元年产值的补偿标准，计算 21 倍是 31920 元，青苗补偿标准为每亩 1500 元。这样的补偿标准还不及申请人一年的蔬菜种植收入，将直接导致申请人生活水平出现降低。

根据《安徽省人民政府关于公布安徽省征地补偿标准的通知》（皖政〔2009〕132 号）第 1 条“各市、县人民政府可根据本地实际情况，对特殊地类提高征地补偿标准”及《安徽省国土资源厅关于做好新征地补偿标准实施工作的通知》（皖国土资〔2010〕37号）第4条第2项“各市、县人民政府可根据本地实际情况，对特殊地类提高征地补偿标准。其中的‘特殊地类’是指征地前种植（或养殖）经济价值较高农作物（水产品）的土地，如大棚蔬菜地、花卉种植地、精养鱼塘等”规定，申请人的菜地依法属于特殊地类，应当根据实际情况，予以提高补偿。

其次，申请人长远生计没有保障。本次征地后，申请人将没有任何土地可供耕种。作为农民，在家无地可种，部分申请人因为年老，外出无工可打，生活变得困难。因此，必须根据实际情况，给予其合理补偿，否则其生活水平必然会降低。

《国务院关于深化改革严格土地管理的决定》（国发〔2004〕28号）第3条第12项规定：“完善征地补偿办法。县级以上地方人民政府要采取切实措施，使被征地农民生活水平不因征地而降低……依照现行法律规定支付土地补偿费和安置补助费，尚不能使被征地农民保持原有生活水平的，不足以支付因征地而导致无地农民社会保障费用的，省、自治区、直辖市人民政府应当批准增加安置补助费……”《安徽省国土资源厅关于做好新征地补偿标准实施工作的通知》（皖国土资〔2010〕37号）第1条规定："……有效避免侵害被征地农民合法权益问题，确保被征地农民原有生活水平不降低，长远生计有保障……"安徽省政府发布的118号征地批复第2条规定："保证原有生活水平不降低，长远生计有保障，维护社会稳定。"根据上述规定，征地补偿标准必须确保被征地农民原有生活水平不降低，长远生计有保障。

最后，申请人要求按照当地规定享受留地安置待遇。根据某县人民政府办公室2012年2月2日印发的《某县城市规划区内集体土地及房屋征收补偿安置暂行规定》第3条第6项"从文件下发之日起，征收集体土地不再予以留地安置，原征地时已留地安置的宗地，另行制定处置办法"的规定，申请人依法应当享受留地安置的待遇。

根据某县人民政府办公室2012年2月1日印发的《某县城市规划区内安置留用地遗留问题处置意见的通知》《某县留地安置土地收购协议书》显示，留地安置的比例为征收土地面积的15%，由县政府按照2009—2011年某县土地一级市场成交均价133.18万元/亩统一收储，免收相关费用，或者按照公开拍卖，不低于133.18万元/亩，缴纳相关税费。对于有留地安置指标尚未落实具体地块的，由县政府按照2009—2011年该县土地一级市场成交均价133.18万元/亩统一收储土地指标。

（二）征地批复所批准征收的土地早在1978年、1982年已经划为阜阳地区蔬菜生产基地，依法属于基本农田，被申请人无审批权限。

申请人耕种的土地早已经在1978年、1982年被划为阜阳地区蔬菜种植基地。1978年12月5日，阜阳地区革命委员会财贸办公室、农林办公室联合发文同意转东、四新、邢北三个生产队为蔬菜专业队，新增专业菜地310亩。1982年，阜阳地区行政公署发文同意长青大队626亩土地为常年专业蔬菜生产基地。根据《土地管理法》[①]（2004）第34条第1款第3项的规定，国家实行基本农田保护制度。蔬菜生产基地应当根据土地利用总体规划划入基本农田保护区，严格管理。同时，根据《土地管理法》（2004）第45条第1款第1项的规定征收基本农田土地的，由国务院批准。被申请人无审批权限。

① 《土地管理法》2019年修订后，现为第33条第1款第3项。

（三）征地批复的报批程序违反法律规定，严重侵害了申请人的知情权、确认权、依法申请听证等权利，应当撤销。

申请人并没有在《征地告知确认》《听证送达回证》等材料上签字，相关单位也没有在征地报批前将拟征土地的用途、位置、补偿标准、安置途径等以书面形式告知申请人，更没有告知申请人其对拟征土地的补偿标准和安置途径有申请听证的权利。

首先，无论是省国土资源厅还是第三人，抑或被申请人，均无证据证明征地过程严格按照法律规定履行了告知、确认等义务。申请人提交了非本人签字的声明、身份证复印件、联系电话。某县人民政府清楚说明了自己仅仅是将“拟征地用途、位置、补偿标准、安置途径告知了被征地社区居委会，居委会对于补偿标准和安置途径没有异议，放弃听证”。也就是说，其并未同时告知申请人。《某县国土资源局和某县人力和社会保障局征地补偿标准和安置途径告知书》是申请人在申请信息公开后才得到的。某县政府所提供的《征地情况调查确认表》上没有申请人签字确认，并且所有签字笔迹相同，有伪造的嫌疑。

《国务院关于深化改革严格土地管理的决定》（国发〔2004〕28号）第3条第14项规定："健全征地程序。在征地过程中，要维护农民集体土地所有权和农民土地承包经营权的权益。在征地依法报批前，要将拟征地的用途、位置、补偿标准、安置途径告知被征地农民；对拟征土地现状的调查结果须经被征地农村集体经济组织和农户确认；确有必要的，国土资源部门应当依照有关规定组织听证。要将被征地农民知情、确认的有关材料作为征地报批的必备材料……"《国土资源部关于完善征地补偿安置制度的指导意见》第3条规定："（九）告知征地情况。在征地依法报批前，当地国土资源部门应将拟征地的用途、位置、补偿标准、安置途径等，以书面形式告知被征地农村集体经济组织和农户……（十）确认征地调查结果。当地国土资源部门应对拟征土地的权属、地类、面积以及地上附着物权属、种类、数量等现状进行调查，调查结果应与被征地农村集体经济组织、农户和地上附着物产权人共同确认。（十一）组织征地听证。在征地依法报批前，当地国土资源部门应告知被征地农村集体经济组织和农户，对拟征土地的补偿标准、安置途径有申请听证的权利……”[①]《安徽省国土资源厅关于规范建设用地审查报批工作的通知》（皖国土资函〔2014〕1754号）第3条第1项规定：“市、县级国土资源部门要严格履行征地告知确认，征地方案，征地补偿、安置方案公告程序。征地告知、公告内容必须符合国土资源部《关于完善征地补偿安置制度的指导意见》[②]、《征收土地公告办法》[③]等规定。”根据上述规定，该幅土地的报批程序违反法律规定，侵害了申请人的知情权、确认权、依法申请听证等权利，依法应当撤销。

其次，关于发布公告的问题。被申请人作出118号征地批复的时间为2011年12月31日，某县政府作出《关于某县2011年第2批次纳入增减挂钩试点管理使用先行复垦建设用地指标的公告》的时间为2012年4月26日；作出《关于某县2011年第2批次纳入增减挂钩试点管理使用先行复垦建设用地指标补偿安置方案的公告》的时间是2012年5月5日。《征收土地公告办法》第4条规定：“被征收土地所在地的市、

① 为贯彻实施新修的《土地管理法》，2020年被清理废止。现参见2019年修订的《土地管理法》第47条、第48条等相关规定。

② 为贯彻实施新修的《土地管理法》，2020年被清理废止。现参见2019年修订的《土地管理法》第47条、第48条等相关规定。

③ 《征收土地公告办法》已废止，《土地管理法》已于2020年1月1日起施行。修改后的《土地管理法》第47条规定地方政府在申请土地征收前应当完成现状调查、社会稳定风险评估、公告、听证、登记、签订补偿协议等程序。

县人民政府应当在收到征收土地方案批准文件之日起 10 个工作日内进行征收土地公告，该市、县人民政府土地行政主管登记部门负责具体实施。”第 7 条规定：“有关市、县人民政府土地行政主管部门会同有关部门根据批准的征收土地方案，在征收土地公告之日起 45 日内以被征收土地的所有权人为单位拟订征地补偿、安置方案并予以公告。”根据上述规定，某县人民政府未在法定期限内发布公告，违反法律规定，应当确认违法。事实上，申请人在申请信息公开之前也未见到过某县人民政府所称公告。

（四）相关部门没有依法告知被征地农民社会保障对象、项目、标准以及费用筹集办法等情况，没有按规定履行征地报批前的有关程序，属于违法，应当撤销。

相关部门对被征地农民社会保障对象、项目、标准以及费用筹集办法等情况没有告知申请人及其他被征地农民，被申请人批准征地违反《国务院关于加强土地调控有关问题的通知》（国发〔2006〕31 号）第 2 条“征地补偿安置必须以确保被征地农民原有生活水平不降低、长远生计有保障为原则。各地要认真落实国办发〔2006〕29 号文件的规定，做好被征地农民就业培训和社会保障工作。被征地农民的社会保障费用，按有关规定纳入征地补偿安置费用，不足部分由当地政府从国有土地有偿使用收入中解决。社会保障费用不落实的不得批准征地”及《劳动和社会保障部、国土资源部关于切实做好被征地农民社会保障工作有关问题的通知》（劳社部发〔2007〕14号）第3条“被征地农民社会保障对象、项目、标准以及费用筹集办法等情况，要纳入征地报批前告知、听证等程序，维护被征地农民知情、参与等民主权利……对没有出台被征地农民社会保障实施办法、被征地农民社会保障费用不落实、没有按规定履行征地报批前有关程序的，一律不予报批征地”的规定，应当撤销。

最终，律师总结说，当地政府加强基础设施建设，优化用地布局结构，提高城市综合效能的初衷是好的，但是不能不考虑村民长远生计，否则不仅违背社会发展的根本目的，也不利于社会稳定与和谐。但省政府最终依然决定维持征地批复，后承办律师又代为向国务院申请裁决，因为有充分的证据证明报批材料存在伪造的情况，最终国务院撤销了省政府作出的《行政复议决定书》，确认了涉案征地批复违法。

三、案件总结

在征地纠纷案件中，撤销征地批复是非常重要的程序，征地批复自身的合法性决定了此后依据征地批复所实施的一系列行为的合法性。本案承办律师介入之前，本案村民曾采取上访、求助于媒体等方式，均未能真正解决问题。律师介入后，启动法律程序，抓住了案件的核心问题，解决了村民觉得有理而不知道怎么说，不知道该向谁去说的问题。在国务院行政裁决中申请人获得支持的案件少之又少，本案中承办律师锲而不舍的坚持是获得胜利的关键，最终通过坚持不懈的努力，换来了撤销省政府复议决定、确认征地批复违法的结果。

同时，本案也有值得反思之处，征收土地已经建起高楼大厦，如果恢复耕种将造成巨大的经济损失，从法益平衡角度，仅确认违法并未撤销征地批复。经过律师努力，当地政府愿意根据具体情况，每亩地提高补偿5000余元，但是村民依然认为补偿过低，最终未能达成补偿协议。

所以，在此也要提醒广大读者，律师也只能在法律框架内依法维护您的合法权益，并不能超出法律规定，无限制地满足无事实基础和法律依据的要求，这不仅有违律师职业道德，在事实上也不可能实现。同时，称职的律师也一定不会轻易许诺，因为案件结果是多种因素共同作用决定的，如复议机关或法院对事实的认定、对法律的理解、被征地拆迁方证据充分程度、律师对于此类案件涉及法律法规的熟悉程度等都是影响案件结果的因素。因此，对于征地问题一定要理性地维护合法权益，并根据法律规定判断自己的诉求是否合理。

欠缺合法征地补偿安置方案怎么办？

——广东省人民政府确认某市征地违法案

征地案件的焦点问题是补偿的标准，几乎所有的征地案件皆是因补偿标准低而导致的纠纷，而征地补偿安置方案则是确定涉案被征收土地补偿标准最直接、最全面、最准确的依据。但如果在征地过程中未按要求制订征地补偿安置方案，征收土地是否合法呢？

一、基本案情

广东省某市吴某等人因征地补偿问题与某市政府产生纠纷，我团队应邀前去该市当面接受咨询，同日签订委托代理合同。律师作为案件承办人代理此案。经前期的调查取证，充分了解案件事实后，团队制订了总体办案方案。承办律师发现案件征地补偿安置方案仅有征求意见稿，此后也没有出台过正式征地补偿安置方案就开始实施征地，对此，以某市政府作为被申请人向省政府提出行政复议申请。

二、律师办案

案件受理后，依法提出了听证申请，经与省政府沟通，对本案进行了听证审理。承办律师查阅被申请人提交的行政复议答复书及其证据，发表了如下代理意见。

（一）被申请人据以征收申请人土地的征地批复因超过法定期限已失效，在未重新报批的情况下，被申请人强制征收申请人土地，依法应当确认违法。

广东省国土资源厅于2010年6月28日作出《关于某市2009年度第三批次城镇建设用地的批复》（粤国土资（建）字〔2010〕442号）（简称粤国土资（建）字〔2010〕442号批复），被申请人于2015年6月对申请人土地进行征收。被申请人实施具体征地行为的时间距离广东省国土资源厅作出粤国土资（建）字〔2010〕442号批复之日已超过两年。

根据《土地管理法》（2004）第37条第1款规定："禁止任何单位和个人闲置、荒芜耕地。已经办理审批手续的非农业建设占用耕地，一年内不用而又可以耕种并收获的，应当由原耕种该幅耕地的集体或者个人恢复耕种，也可以由用地单位组织耕种；一年以上未动工建设的，应当按照省、自治区、直辖市的规定缴纳闲置费；连续二年未使用的，经原批准机关批准，由县级以上人民政府无偿收回用地单位的土地使用权；该幅土地原为农民集体所有的，应当交由原农村集体经济组织恢复耕种。”[①]《国务院关于深化改革严格土地管理的决定》（国发〔2004〕28号）第4条第19项规定：“严禁闲置土地。农用地转用批准后，满两年未实施具体征地或用地行为的，批准文件自动失效……”根据上述规定可知，广东省国土资源厅作出的粤国土资（建）字〔2010〕442号批复因超过法定期限而未实施具体征地、用地行为，业已失效。

被申请人根据业已失效的征地批复征收申请人土地，严重违反了《土地管理法》（2004）第43条、第44条、第45条[②]关于农用地转用、征地审批手续的相关规定，依法应当确认违法。

---

① 《土地管理法》2019年修订后，现为第38条第1款。
② 《土地管理法》2019年修订后，现参见第44条、第45条、第46条。

（二）被申请人应当对于征地补偿款是否落实到位负总责，补偿标准不足以保证申请人生活水平不降低，长远生计有保障。

首先，被申请人应当对于征地补偿款是否落实到位负总责。《土地管理法》（2004）第46条第1款[①] 规定："国家征用土地的，依照法定程序批准后，由县级以上地方人民政府予以公告并组织实施。"《土地管理法实施条例》（2011）第25条第1款[②] 规定："征收土地方案经依法批准后，由被征收土地所在地的市、县人民政府组织实施……"《国土资源部关于进一步做好征地管理工作的通知》第5条第12项[③] 规定："强化市县政府征地实施主体职责。依照法律规定，市县政府是征地组织实施的主体，对确定征地补偿标准、拆迁补偿安置、补偿费用及时足额支付到位、组织被征地农民就业培训、将被征地农民纳入社会保障等负总责……" 根据上述规定，被申请人应当履行法定职责，依法、及时、足额支付申请人土地补偿费和附着物补偿费等费用。不能简单以某镇某社区出具的证明作为抗辩理由。

① 《土地管理法》2019年修订后，现为第47条第1款。

② 《土地管理法实施条例》2021年修订后，现为第31条。

③ 为贯彻实施新修的《土地管理法》，2020年被清理废止。现参见2019年修订的《土地管理法》第47条等相关规定。

其次，补偿标准不足以保证申请人生活水平不降低，长远生计有保障。申请人被占土地原种植石榴、龙眼、柠檬、香蕉（征收之时均为盛果期）、蔬菜，其中吴某一5亩，吴某二5亩，吴某三5亩，周某14亩，均为水田。果树年产值约1万元/亩，蔬菜1.5万元/亩，这是申请人唯一的生活来源。申请人为看护果、蔬园搭建了茅草屋，其中吴某一的50平方米，吴某二的40平方米，吴某三的40平方米，周某的50平方米，皆为木质结构，石棉瓦屋顶。吴某一为灌溉土地还购置了2000米电缆、一台水泵、一台柴油机，在征收时均被拉走。现在被申请人给予申请人每亩地2万元的补偿。申请人为种植果树、蔬菜花费了大量的人力、物力，若按2万元/亩的补偿标准，不仅将导致申请人生活水平降低，而且其前期为种植果树、蔬菜所投入的成本也无法收回。因此，申请人一直未领补偿款。

根据《广东省国土资源厅关于印发广东省征地补偿保护标准(2010年修订调整)的通知》(粤国土资利用发〔2011〕21号)、《某市交通基础设施及公益性建设项目征地补偿的指导意见》的规定，涉案土地属于四类土地，其中水田的补偿标准为4.68万元/亩。即使按照涉案《征地补偿安置方案公告》的补偿标准，也达到3.9万元/亩，2万元/亩的补偿标准显然低于法定补偿标准。按被申请人所计算的标准，平均每亩土地补偿 4.0176 万元，但实际上申请人无法获取。

（三）涉案土地告知内容不符合相关法律规定，社区法定代表人的签字不能视为保障了申请人的知情权、确认权、申请听证等权利。

被申请人称辖区内国土资源局向申请人所在社区发出了两次听证告知书，社区均作出了放弃听证的决定。这种行为违背了《国务院关于深化改革严格土地管理的决定》（国发〔2004〕28 号）第 3 条第 14 项"健全征地程序。在征地过程中，要维护农民集体土地所有权和农民土地承包经营权的权益。在征地依法报批前，要将拟征地的用途、位置、补偿标准、安置途径告知被征地农民；对拟征土地现状的调查结果须经被征地农村集体经济组织和农户确认；确有必要的，国土资源部门应当依照有关规定组织听证。要将被征地农民知情、确认的有关材料作为征地报批的必备材料"及《国土资源部关于完善征地补偿安置制度的指导意见》第 3 条[①]"（九）告知征地情况。在征地依法报批前，当地

① 为贯彻实施新修的《土地管理法》，2020 年被清理废止。现参见 2019 年修订的《土地管理法》第 47 条、第 48 条等相关规定。

国土资源部门应将拟征地的用途、位置、补偿标准、安置途径等，以书面形式告知被征地农村集体经济组织和农户……（十）确认征地调查结果。当地国土资源部门应对拟征土地的权属、地类、面积以及地上附着物权属、种类、数量等现状进行调查，调查结果应与被征地农村集体经济组织、农户和地上附着物产权人共同确认。（十一）组织征地听证。在征地依法报批前，当地国土资源部门应告知被征地农村集体经济组织和农户，对拟征土地的补偿标准、安置途径有申请听证的权利”的规定。因此，不能说某市国土资源局发出了听证告知书就意味着告知、确认义务履行完毕。此外，根据上述法律规定，征地告知权、确认权、申请听证是申请人的权利，社区法定代表人无权代替申请人放弃听证，更不能说有社区法定代表人的签字就意味着保障了申请人的知情确认权。

三、案件总结

最终，承办律师的意见被广东省政府采纳，作出了确认某市政府征地违法的决定。在复议过程中，承办律师与省、市、镇三级政府积极沟通，进行了多次协调，使被征地村民合法权益得到有效维护。

二、确认违法铲除地上附着物案

区政府违法铲除油松怎么办？

——河北省承德市中级人民法院确认某区政府违法铲除附着物案

“给你提高了补偿，其他人怎么办？要一碗水端平，不能厚此薄彼。”“给你提高了，恐怕引起连锁反应。”“就这么规定的，我们只是执行。”在征地和拆迁过程中，一些工作人员对要求提高补偿的被征地拆迁人可能会作出这样的答复。

但是，如果征地程序不合法，补偿不到位，不管多少人接受，都是违法的。接受人数的多寡，不会成为判定征地行为合法与否的根据。前文就征地审批权限已经进行过介绍，在未经有权机关审批的情况下铲除地上附着物的行为应属违法。铲除地上附着物的行为属于征地必要的组成部分，在有权机关作出征收决定之前，地方政府无权直接实施铲除地上附着物的行为。下面介绍的这个案件或许会对大家有所启示。

一、基本案情

2014年6月25日，承德某区政府在未经有权机关作出批复的情况下，将梅某种植的9万余株油松铲除，后梅某不服，经朋友介绍到我所咨询，签订《委托代理合同》。经律师调查，梅某依法享有合法承包经营权的土地属于集体农用土地，涉案征地项目为承德至张家口高速公路承德段工程，河北省政府作出《关于承德至张家口高速公路承德段工程建设用地的批复》（冀政转征函〔2014〕770号）、国土资源部作出《国土资源部关于承德至张家口高速公路承德段工程建设用地的批复》（国土资函〔2014〕368号）的时间均为2014年8月13日。根据如上案件事实，律师制订了总体的办案方案，最终确认承德市某区政府实施铲除梅某油松的具体行政行为违法。

二、律师办案

针对梅某的诉求及案件事实，结合法律规定，首先依法向承德市人民政府提出行政复议，请求确认承德市某区政府实施铲除梅某油松的具体行政行为违法，同时提出赔偿请求。承德市政府驳回复议请求。后依法诉至承德市中级人民法院，承德市中级人民法院依法支持了梅某的诉求，撤销复议决定，支持了梅某的赔偿请求。承德市某区政府依法上诉至河北省高级人民法院，案件被高院发回重审后，经承德市中级人民法院审理，依法确认承德市某区政府实施铲除梅某油松的具体行政行为违法。在此过程中有如下焦点问题。

（一）关于集体农用土地的征收和转用的审批权限。

被告违法实施铲除梅某油松的具体行政行为的时间为2014年6月25日，河北省政府作出《关于承德至张家口高速公路承德段工程建设用地的批复》（冀政转征函〔2014〕770号）、国土资源部作出《关于承德至张家口高速公路承德段工程建设用地的批复》（国土资函〔2014〕368号）的时间均为2014年8月13日。上述时间也已得到被告某区人民政府的确认。原告依法享有合法承包经营权的土地属于集体农用土地，根据《土地管理法》（2004）第43条第1款“任何单位和个人进行建设，需要使用土地的，必须依法申请使用国有土地”及第44条第1款“建设占用土地，涉及农用地转为建设用地的，应当办理农用地转用审批手续”等规定[①]可知，原告的土地为集体农用土地，被告要想使用该幅土地，在权属上，要从集体征收为国有；在用途上，要从农用地转为建设用地。《土地管理法》（2004）第45条[②]规定：“征收下列土地的，由国务院批准：（一）基本农田；（二）基本农田以外的耕地超过三十五公顷的；（三）其他土地超过七十公顷的。征收前款规定以外的土地的，由省、自治区、直辖市人民政府批准，并报国务院备案。征收农用地的，应当依照本法第四十四条的规定先行办理农用地转用审批。其中，经国务院批准农用地转用的，同时办理征地审批手续，不再另行办理征地审批；经省、自治区、直辖市人民政府在征地批准权限内批准农用地转用的，同时办理征地审批手续，不再另行办理征地审批，超过征地批准权限的，应当依照本条第一款的规定另行办理征地审批。”根据这一规定，只有国务院和省级政府才有相应审批权限。被告在没有获得征地批复的情况下征收原告土地，违反法律规定，依法应当确认违法。

① 《土地管理法》2019年修订后，现参见第44条、第45条等相关规定。

② 《土地管理法》2019年修订后，现为第46条。

（二）征收土地的具体程序。

被告提交的第五项证据《征地拆迁补偿安置办法》显示，该办法的制定印发之日为2013年4月19日，早于有权机关作出征地批复的时间。《土地管理法》（2004）第46条第1款[①]规定："国家征收土地的，依照法定程序批准后，由县级以上地方人民政府予以公告并组织实施。"《土地管理法实施条例》（2014）第25条[②]第1款规定："征收土地方案经依法批准后，由被征收土地所在地的市、县人民政府组织实施，并将批准征地机关、批准文号、征收土地的用途、范围、面积以及征地补偿标准、农业人员安置办法和办理征地补偿的期限等，在被征收土地所在地的乡（镇）、村予以公告。"根据上述规定可知，被告某区政府在有权机关作出征地批复之前就已经制定了《征地拆迁补偿安置办法》、组织实施征地，违反法律规定，依法应当确认违法。

（三）被告援引法律依据错误。

被告援引《建设用地审查报批管理办法》（国土资源部令

① 《土地管理法》2019年修订后，现为第47条第1款。
② 《土地管理法实施条例》2021年修订后，现为第31条。

第49号）相关规定，声称可以在征地批复之前先行用地。但是经查，该办法非但没有可以未批先占的规定，反而在第16条、第17条规定了农用地转用方案、补充耕地方案、征用土地方案和供地方案需经有批准权的政府批准后，才能由土地所在地的市、县政府组织实施。同时根据下位法服从上位法之效力原则，法规、规章与法律相冲突应当以法律为准。

（四）预审意见不能代替征地批复。

被告所提交的第二项证据《河北省国土资源厅关于承德至张家口高速公路承德段项目用地的预审意见》（冀国土资函〔2011〕632号）第5点明确说明“建设用地要依法报国务院审批，未经批准用地不得开工建设”，第7点说明“本预审文件仅供省发展和改革委审批承德至张家口高速公路承德段项目可行性研究报告使用”。被告提交的第六项证据国家林业局发放的《使用林地审核同意书》第1条指出：“你单位要按照有关规定办理建设用地审批手续。”

综上，被告某区政府在有权机关作出征地批复前强制征收原告土地，铲除原告种植苗木，无事实和法律依据，违反法定程序，侵害了原告合法权益，依法应当确定违法。

（五）被告未提交证据原件，不符合行政诉讼证据的规定，应当承担举证不能的法律后果。

《行政诉讼法》第34条规定："被告对作出的行政行为负有举证责任，应当提供作出该行政行为的证据和所依据的规范性文件。被告不提供或者无正当理由逾期提供证据，视为没有相应证据……"《最高人民法院关于行政诉讼证据若干问题的规定》第1条第1款规定："根据行政诉讼法第三十二条和第四十三条的规定，被告对作出的具体行政行为负有举证责任，应当在收到起诉状副本之日起十日内，提供据以作出被诉具体行政行为的全部证据和所依据的规范性文件。被告不提供或者无正当理由逾期提供证据的，视为被诉具体行政行为没有相应的证据。"第10条第1款第1项、第2项规定："根据行政诉讼法第三十一条第一款第（一）项的规定，当事人向人民法院提供书证的，应当符合下列要求：（一）提供书证的原件，原本、正本和副本均属于书证的原件。提供原件确有困难的，可以提供与原件核对无误的复印件、照片、节录本；（二）提供由有关部门保管的书证原件的复制件、影印件或者抄录件的，应当注明出处，经该部门核对无异后加盖其印章。"根据上述规定，被告无任何正当理由逾期未提交证据原件的，应当承担举证不能的法律后果。

三、案件总结

本案办理过程中梅某坚持依法维护自身合法权益，虽经过发回重审，历经数次开庭也未退却，相信法律、相信律师，最终使得本案且最终诉求得到支持。

征地补偿是为了改善人们的生活，如果损害百姓利益则背离了征地补偿的初衷。本案重点问题在于征收土地的审批权限及铲除地上附着物的定性，而对于违法实施征收行为的最终依法纠正，既维护了国家法治，也保障了人民群众的合法权益的底线。

街道办是否可以铲除果树？

——陕西省西安市某区违法铲除附着物行政赔偿纠纷案

很多地方在进行征地时，具体工作是由乡镇、街道办事处甚至是村委会完成的，我们在陕西省西安市所代理的一起案件就涉及街道办事处违法将附着物铲除。涉案土地虽经有权机关作出了征地批复，但是由于具体实施单位不具有法定职权，违反法定程序，征地行为依然会面临违法的结果。

一、基本案情

西安市某区赵某等村民因果树被辖区内街道办事处铲除，来我所咨询后签订委托代理合同。我所指派两位律师代理本案，经调查，本案土地涉及的 7 个征地批复均为陕西省人民政府作出。具体文号为：陕政土批〔2009〕333 号、陕政土批〔2011〕762 号、陕政土批〔2012〕1588 号、陕政土批〔2012〕1589 号、陕政土批〔2014〕843 号、陕政土批〔2014〕844 号、陕政土批〔2014〕838号，街道办事处正是以上述征地批复为依据，铲除赵某等人果树的。

二、律师办案

承办律师根据具体案情设计了总体办案方案，在针对征地批复提出行政复议的同时，针对街道办事处违法实施铲除赵某等人果树的行为提起了行政诉讼。本案先经驳回起诉，后由西安铁路运输中级人民法院判决被告街道办事处违法。现就案件要点总结如下。

（一）被告无实施铲除原告果树的法定职权，依法应当确认违法。

根据原告所提交的果树铲除前后的照片可知，铲树原告果树的具体行政行为确实客观存在。同时，被告在2017年6月22日的答辩状中称："因储备土地有其他规划用途，需铲除该土地上的附着物，答辩人愿意按照对其他村民的补偿标准补偿原告。"由此可以确认铲除果树的行为系由被告实施。

《地方各级人民代表大会和地方各级人民政府组织法》

第 68 条第 3 款规定："市辖区、不设区的市人民政府，经上一级人民政府批准，可以设立若干街道办事处，作为它的派出机关。"因此，被告是市辖区的派出机关。

《土地管理法》(2004) 第 46 条第 1 款①规定："国家征收土地的，依照法定程序批准后，由县级以上地方人民政府予以公告并组织实施。"《土地管理法实施条例》(2014) 第 25 条第 1 款②规定："征收土地方案经依法批准后，由被征收土地所在地的市、县人民政府组织实施……"《国土资源部关于进一步做好征地管理工作的通知》第 5 条第 12 项③规定："强化市县政府征地实施主体职责。依照法律规定，市县政府是征地组织实施的主体，对确定征地补偿标准、拆迁补偿安置、补偿费用及时足额支付到位、组织被征地农民就业培训、将被征地农民纳入社会保障等负总责……"根据上述规定，区县人民政府才是征地组织实施的主体，被告作为街道办没有强制铲除原告果树的法定职权。

---

① 《土地管理法》2019 年修订后，现为第 47 条第 1 款。

② 2021 年修订后，现为第 31 条。进一步规定了征收土地公告的时间应在"自收到批准文件之日起十五个工作日内"，发布范围应包括"村民小组"等内容。

③ 为贯彻实施新修的《土地管理法》，2020 年被清理废止。现参见 2019 年修订的《土地管理法》第 47 条等相关规定。

（二）本案不存在可以强制铲除原告果树的前提条件，也不符合强制执行的法定程序，依法应当确认违法。

根据《土地管理法实施条例》第45条[①]规定："违反土地管理法律、法规规定，阻挠国家建设征收土地的，由县级以上人民政府土地行政主管部门责令交出土地；拒不交出土地的，申请人民法院强制执行。"《行政强制法》第13条规定："行政强制执行由法律设定。法律没有规定行政机关强制执行的，作出行政决定的行政机关应当申请人民法院强制执行。"行政机关无权强制铲除原告赵某等人种植的果树，被告也没有申请法院强制执行，因此本案既没有强制执行的前提，也不符合强制执行的法定程序。

（三）据以征收原告土地的征地批复因超过法定期限已失效，被告在未重新报批的情况下，强制铲除原告果树，违反法律规定，依法应当确认违法。

被告据以强制征收原告享有合法土地承包经营权土地的征地批复为陕西省人民政府作出的7个征地批复，被告强制征收原告土地的时间是2017年1月13日，被告实施具体征

① 《土地管理法实施条例》2021年修订后，现为第62条。

地行为距离征地批复作出之日均已超过两年。《土地管理法》（2004）第37条第1款[①]规定："禁止任何单位和个人闲置、荒芜耕地。已经办理审批手续的非农业建设占用耕地，一年内不用而又可以耕种并收获的，应当由原耕种该幅耕地的集体或者个人恢复耕种，也可以由用地单位组织耕种；一年以上未动工建设的，应当按照省、自治区、直辖市的规定缴纳闲置费；连续二年未使用的，经原批准机关批准，由县级以上人民政府无偿收回用地单位的土地使用权；该幅土地原为农民集体所有的，应当交由原农村集体经济组织恢复耕种。"《国务院关于深化改革严格土地管理的决定》（国发〔2004〕28号）第4条第19项规定："严禁闲置土地。农用地转用批准后，满两年未实施具体征地或用地行为的，批准文件自动失效……"《陕西省人民政府关于认真贯彻落实〈国务院关于深化改革严格土地管理的决定〉的通知》（陕政发〔2004〕53号）第4条规定："……农用地转用批准后，满两年未实施具体征地或用地行为的，批准文件自动失效……"据此，上述7个征地批复因超过法定有效时限，未实施具体征地行为均已失效。被告根据业已失效的征地批复征收原告土地，强制拆除

① 《土地管理法》2019年修订后，现为第38条第1款。

原告的果树，违反了《土地管理法》（2004）第43条、第44条、第45条[①]关于农用地转用、征地审批手续的相关规定，依法应当确认违法。

综上，根据《行政诉讼法》第70条第4项的规定，行政行为有超越职权的情形的，人民法院判决撤销或者部分撤销，并可以判决被告重新作出行政行为。根据《行政诉讼法》第74条第2款第1项的规定，可撤销内容的，不需要撤销或者判决履行的，人民法院判决确认违法。因此，依法应当确认被告铲除原告果树的具体行政行为违法。

三、案件总结

本案在审理过程中，可谓一波三折，为了保险起见，将法定责任主体区政府、国土资源部门、具体实施单位街道办一并列为本案被告，诉讼过程中先是由于诉求不明被驳回，后改变诉求后终获支持。其中既有理论上需要探讨辨析的问题，也有在实务上需要注意的方面。现在分两个部分进行简要介绍。

① 《土地管理法》2019年修订后，现参见第44条、第45条、第46条。

（一）如何理解征地行为？

原告首次提出的诉讼请求为：“请求依法确认二被告征收原告土地的具体行政行为违法，并依法赔偿原告因此造成的各项损失。”立案时一审法院要求改为：“请求依法确认二被告在未与原告达成补偿协议的情况下，既征收原告土地，又铲除原告果树的具体行政行为违法，并依法赔偿原告因此造成的各项损失。”在开庭时，一审法院要求上诉人在征地和铲除果树之间选择一项。在本案中，征收土地客观上表现为将果树铲除。理论上可分，实际上不可能区分。后不得已，上诉人将诉讼请求改为：“请求依法确认二被告在没有合法有效的征地批复、未重新报批的情况下，进行征地的具体行政行为违法。”庭审结束之后，一审法院再次建议上诉人变更诉讼请求，依据源于（2016）最高法行申 3157 号行政裁定书。该裁定书中称：所谓“征收行为包括征收决定、征收土地方案公告、征地补偿安置方案公告、拆迁安置协议履行等”。该表述与现行法律规定和实务并不能很好的匹配。分述如下。

第一，征收决定。在实践当中征收集体土地不存在征收决定，如果指的是征地批复，根据《行政复议法》第 30 条之规定，不服时只能向省级人民政府提出行政复议。而实践中没有法院可受理行政相对人诉省级人民政府然后要求撤销征地批复的案例。

第二，征收土地方案公告和征地补偿安置方案。（2016）最高法行申1963号行政裁定书认为，对公民、法人或者其他组织的权利义务不产生实际影响，不属于人民法院行政诉讼的受案范围。征地补偿安置方案公告与征收土地方案公告内容基本一致，均未创设新的权利义务，补偿标准来源于各地制定的区片综合价。正因如此，才有《土地管理法实施条例》第25条[①]规定的征地补偿协调制度，国土资源部据此制定了《关于加快推进征地补偿安置争议协调裁决制度的通知》[②]（国土资发〔2006〕133号），规定先协调，最终由批准征地的机关裁决。《国务院法制办公室关于依法做好征地补偿安置争议行政复议工作的通知》（国法〔2011〕35号）出台后，有些地方可以受理针对征地补偿安置方案的复议，对此将专门论述。

第三，拆迁安置协议。这在涉及国有土地上房屋征收案件中最为常见，在一些地方集体土地房屋征收也有签订协议

① 《土地管理法实施条例》2021年修订后，原第25条规定的征地补偿的“协调”与“裁决”规定已被删除。

② 根据自然资源部开展的规范性文件集中清理，2019年已废止。协调裁决的方式现主要作了解与参考。

的情况，但是对于征收集体土地不存在被征收土地个人和政府之间签订协议的情况。因为根据《土地管理法》第2条、《物权法》第60条[1]等相关规定，个人并不是土地的所有权人，本案当中根本不存在签订了协议不履行的情形。

在我国，最高人民法院裁判文书只能作为参考，而不能作为定案的依据。而且最高人民法院的裁判也存在部分相互抵触的情形。本案一审法院忽略了街道办事处在行政答辩状中已经认可的违法事实，即“因储备土地有其他规划用途，需铲除该土地上的附着物，答辩人愿意按照对其他村民的补偿标准补偿原告”，以所谓诉讼请求不明为由，驳回上诉人起诉。这个问题核心在于对征地行为内涵的理解。

（二）实务当中值得注意的问题。

庭审结束之后，法院传原告到法院就诉求进行了释明。原告由于问题较久未得到有效解决，对于政府和法院缺乏信任，又未能听取律师的意见，从而导致最初的起诉被驳回。值得庆幸的是，原告再次起诉时法院受理了起诉，且支持了诉求，否则既会增加讼累又会增加维权成本，还可能导致诉

① 《民法典》颁布实施后，现为《民法典》物权编第262条。

求不被支持。

通过这个案件也可以看出，在具体法律实务中，对律师办理案件提出了更高的要求，即诉求必须精准。要想做到这一点，律师需对案件事实进行调查梳理、对于法律规定的理解及相关案例进行认真研判。切忌盲目自满，切忌想当然，切忌自以为是。

三、征地补偿标准协调案

青花椒究竟应该适用什么补偿标准？

——四川省凉山彝族自治州某市征地补偿协调案

在征地补偿纠纷中对补偿安置方案不服，应该如何维护自己的合法权益？不同地方所要采取的方式方法还不同。比如，江苏省就根据《土地管理法实施条例》[①]《国土资源部关于加快推进征地补偿安置争议协调裁决制度的通知》[②]（国土资发〔2006〕133号）等制定了《江苏省关于加快推进征地补偿安置争议协调裁决制度的通知》，而陕西省则根据《国务院法制办公室关于依法做好征地补偿安置争议行政复议工作的通知》（国法〔2011〕35号），坚持要求被征地农民进行复议。因此，虽有全国统一规定，但各地在执行中差异较大。

---

① 《土地管理法实施条例》于2021年4月21日国务院第132次常务会议修订通过，2021年9月1日起施行。其中征地补偿协调裁决的内容已经被删除。

② 《关于加快推进征地补偿安置争议协调裁决制度的通知》已废止。自然资源部于2019年6月26日作出了《自然资源部关于公布第一批已废止或者失效的规范性文件目录的公告》（自然资源部公告2019年第30号），《关于加快推进征地补偿安置争议协调裁决制度的通知》被列入目录之内。征地补偿协调裁决制度不再适用，征地补偿争议统一被纳入行政复议、行政诉讼范围之内。

一、基本案情

四川省凉山彝族自治州某市村民王某种植了12.5亩青花椒，因某资源综合利用项目被征收。王某种植的青花椒处于盛果期，冠幅较大，植株比较稀疏，12.56亩土地共计413株。当地政府按照60元/株的标准对其进行补偿，12.56亩土地才得2万余元。为种植青花椒，王某付出了大量的人力、物力，青花椒正处于盛果期而面临征收，60元/株连成本价格都不够。

二、律师办案

王某对于补偿标准的不满仅仅出于朴素的情感上的义愤，觉得补偿不合理，自己对征地项目名称、是否有征地批文、补偿安置方案如何规定等根本不知情。针对这种情况，律师通过调查取证，耐心听取王某介绍，梳理案情。

当地市人民政府经凉山彝族自治州人民政府批准，于2008年7月5日印发了《关于印发〈某资源综合利用项目规划范围内拆迁补偿、安置方案〉的通知》（下称《安置方案》），其中确定的盛果期青花椒补偿标准确实为60元/株，但是不是安置方案确定的标准就一定合理呢？

首先，律师通过查阅征地卷宗材料发现，该标准远远低于当地市人民政府办公室于2009年6月10日作出的《关于征收集体土地成片经济林木、大棚等补偿标准的通知》（西府办发〔2009〕116号）所确定的盛挂果期成片经济林木为10400元/亩的标准。其次，在征地过程中，拆迁安置协调领导小组曾就青花椒补偿标准向市林业局请示过，市林业局于2010年6月30日作出的《对关于〈青椒补偿标准的请示〉的复函》中盛果期的青花椒补偿标准为10260元/亩。

在了解了上述案件情况后，经律师团队集体研究，制订了总体办案方案。其中一个程序就是依法向凉山彝族自治州人民政府提出征地补偿协调申请。

对于当事人而言，最重要的是如何用尽可能小的成本最大限度地维护自己的利益。征地补偿协调制度就是为满足这一需要而制定的有效程序。其积极作用主要表现在如下两个方面。

第一，有效地解决了征地过程中的矛盾纠纷，避免了旷日持久的诉讼、上访，甚至激化矛盾，形成群体事件。“协调裁决不对经依法批准的征地合法性进行审查，不代替行政复议和诉讼。”协调裁决主要针对对征地补偿安置方案有异议、对地类和年产值的认定、区片综合地价的适用标准和计算有异议等情况。征地补偿协调制度不收取任何费用，这就减轻了被征地村民维护权益的成本。

第二，能够触碰征地案件最核心的问题——补偿标准。协调、裁决重在对补偿合理性进行审查。所谓合理性标准就是保证被征地农民原有生活水平不降低、长远生计有保障。现实当中征地补偿是按照征地区片价格进行的补偿，但是由于征地区片地价是平均地价，对于实际年产值高的地区，则不能做到保证被征地农民原有生活水平不降低、长远生计有保障。依照上述标准对补偿合理性进行审查更能保护好被征地农民的合法权益，极大地避免了因为补偿标准滞后导致的矛盾纠纷，有力地维护了地方的稳定。

当然，协调与行政复议、行政诉讼不可偏废。在提出征地补偿协调申请的情况下，同时提出行政复议或诉讼。如果单纯依赖协调，放弃启动相应的法律程序，一定无法实现协调的目的。反之，如果只启动法律程序，甚至为了启动程序而启动，不仅会增加委托人的经济负担，也无法实现最终提高补偿的目的。只有两方面兼顾才能更好地维护委托人的利益。

就本案提出协调申请受理后，律师主要强调了如下两个方面的情况。由于既有政策支持，又有事实基础，意见入情入理，最终得到协调机关的认可。

（一）《安置方案》未依法听取村民意见，也未告知村民依法听证等权利。

《土地管理法实施条例》第25条第3款[①]规定：“市、县人民政府土地行政主管部门根据经批准的征收土地方案，会同有关部门拟订征地补偿、安置方案，在被征收土地所在地的乡（镇）、村予以公告，听取被征收土地的农村集体经济组织和农民的意见……”本案中的《安置方案》在拟定过程中未进行公告，听取村民意见，也未举行过听证会。

（二）《安置方案》关于附着物补偿的标准低于市政府办公室作出的《关于征收集体土地成片经济林木、大棚等补偿标准的通知》，依法应当本着实事求是的原则给予王某合理的补偿。

凉山彝族自治州政府批准的《安置方案》所确定的盛果

① 《土地管理法实施条例》2021年修订后，参见第31条、第32条。

期青花椒补偿标准为60元/株，远远低于市人民政府办公室于2009年6月10日作出的《关于征收集体土地成片经济林木、大棚等补偿标准的通知》（西府办发〔2009〕116号）所确定的盛挂果期成片经济林木为10400元/亩的补偿标准和市林业局《对关于〈青椒补偿标准的请示〉的复函》中确定的盛果期的青花椒每亩地为10260元的补偿标准。

上述关于附着物补偿标准如何计算的文件虽然作出于征收王某土地后，但实际上是对事实的认定，目的是防止以抢种方式套取补偿款，使补偿更加合理所做出的改变。因此，不能盲目套用不溯及既往原则，相反，应当溯及既往，以使被征地农民获得合理、合法的补偿。王某12.56亩青花椒按60元/株的标准所得补偿款为24780元，按照10400元/亩的标准所得补偿款为130624元。时间相差仅11个月，补偿数额却相差10万余元，显然不合理。

土地是农民生存的基础。征地补偿标准必须与社会经济发展和物价水平相适应，因此应根据王某实际投入、产出进行补偿，否则其生活水平会降低，长远生计也无法得到保障。最终，案件承办人听取了律师的意见，又通过律师耐心、细致的工作，促使某市人民政府与王某签订了补偿协议，约定按照照顾王某利益的原则，对王某进行相应补偿。

三、案件总结

根据《土地管理法》（2004）第47条[①]规定，征收耕地的土补偿费，为该耕地被征收前三年平均年产值的六至十倍。但是实际执行中的征地区片综合地价制度关于年产值的计算并不是每家每户土地的年产值，而是省级国土部门会同有关部门统计的市县区片平均年产值，总有一部分人实际耕种土地的年产值高于平均水平，这也是一些农民朋友在被征收土地时会觉得补偿标准低的主要原因之一。

在征地补偿案件中，除土地补偿、安置补助费外，还有青苗和附着物补偿费。所谓青苗就是尚未收获的庄稼，附着物则包括树木、农田水利、看护设施等。根据职权划分，征地补偿费、安置补助费由省级人民政府制定，青苗和附着物补偿标准往往是由当地市、县人民政府制定，对于土

① 《土地管理法》2019年修订后，原第27条“征收耕地的土地补偿费，为该耕地被征收前三年平均年产值的六至十倍”的规定已删除。新法第48条第2款规定，“征收土地应当依法及时足额支付土地补偿费、安置补助费以及农村村民住宅、其他地上附着物和青苗等的补偿费用，并安排被征地农民的社会保障费用”。

地补偿标准的调整一般说来比附着物补偿标准调整要更加困难。

本案中，王某主要是对地上附着物的补偿标准不服。如果孤立地看《安置方案》似乎没有什么问题，律师办案时若不能很好地替委托人着想，扎实做好调查工作，就无法维护好当事人的合法权益。

王某在律师帮助前，通过信访途径未得到合理补偿，还积聚了很多负面心理能量，家庭生产生活都受到了影响。这一案例也让人懂得，维护自己的合法权益不能单靠一腔的义愤和不满，必须去了解清楚相关法律法规，并重视证据，采用合适的法律途径，恰当地表达自己的诉求，最终才能真正实现保护自己合法权益的目的。

四、撤销限期拆除决定、征收决定、处罚决定案

某油脂公司厂房被认定为违法建筑维权案

——河南省某市某区人民法院撤销某规划局限期拆除违法建筑通知案

没有房屋所有权证、规划许可证，是否一律属于违法建筑呢？不一定。有些情况下，无证不等于违法，对于建筑物的认定尤其如此。认定建筑物违法通常有一系列的程序和条件，需要拿出能证明违法的证据。

一、基本案情

河南省某市某油脂有限公司 2019 年 1 月 17 日收到市规划局作出的《某市规划局限期拆除决定书》（某规限拆字 2019 川第 011 号）（以下简称《限期拆除决定》），认定某油脂有限公司厂房违法，要求某油脂有限公司限期拆除。某油脂有限公司不服，与我所签订委托代理合同，我所指派律师代理本案。

二、律师办案

两位律师接受委托之后认真审阅了案件材料，通过调查取证，指导某油脂有限公司收集了案件的关键证据，经团队集体研究，制订了总体办案方案。之后针对《限期拆除决定》依法诉至某区人民法院，法院择期开庭，庭审中代理律师陈述诉求及事实理由，着重就如下三个方面发表了代理意见。

（一）被告认定原告房屋违法适用法律违反法不溯及既往原则，依法应当确认违法。

原告1999年4月5日取得集体建设用地使用证，1999年建造厂房。被告依据2008年实施的《城乡规划法》要求原告限期拆除厂房，违反了《立法法》第93条“法律、行政法规、地方性法规、自治条例和单行条例、规章不溯及既往，但为了更好地保护公民、法人和其他组织的权利和利益而作的特别规定除外”的规定。

公民、法人、其他组织、行政机关等只能将业已生效的法律，作为自己行动的指南及判断是非对错的依据，如果让原告在1999年遵守2008年才实施的法律，违反了法不溯及既往的基本原则。被告作出《限期拆除决定》无法律依据，依法应当撤销。

（二）被告无充分证据证明原告房屋属于违法建筑，原告拥有的厂房及附属设施属于合法建筑，依法应当受到法律保护。

《物权法》第30条[a]规定："因合法建造、拆除房屋等事实行为设立或者消灭物权的，自事实行为成就时发生效力。"《国有土地上房屋征收与补偿条例》第24条第2款规定："市、县级人民政府作出房屋征收决定前，应当组织有关部门依法对征收范围内未经登记的建筑进行调查、认定和处理。对认定为合法建筑和未超过批准期限的临时建筑的，应当给予补偿；对认定为违法建筑和超过批准期限的临时建筑的，不予补偿。"根据上述规定，原告系厂房及附属设施等地上附作物的所有权人。《物权法》第4条[b]规定："国家、集体、私人的物权和其他权利人的物权受法律保护，任何单位和个人不得侵犯。"因此，原告厂房及附属设施依法应当受到法律保护。

a 《民法典》颁布实施后，现为《民法典》物权编第231条。
b 《民法典》颁布实施后，现为《民法典》物权编第207条。

（三）被告除被诉具体行政行为外，未能提供有效证据，应当视为没有证据。

《行政诉讼法》第 34 条规定：“被告对作出的行政行为负有举证责任，应当提供作出该行政行为的证据和所依据的规范性文件。被告不提供或者无正当理由逾期提供证据，视为没有相应证据。但是，被诉行政行为涉及第三人合法权益，第三人提供证据的除外。”《最高人民法院关于行政诉讼证据若干问题的规定》第 1 条第 1 款规定：“根据行政诉讼法第三十二条和第四十三条的规定，被告对作出的具体行政行为负有举证责任，应当在收到起诉状副本之日起十日内，提供据以作出被诉具体行政行为的全部证据和所依据的规范性文件。被告不提供或者无正当理由逾期提供证据的，视为被诉具体行政行为没有相应的证据。”根据上述规定，被告未能提供有效证据，应当视为没有证据。

本案中，被告作出的具体行政行为依据错误，根据《行政诉讼法》第 70 条的规定，行政行为适用法律、法规错误的，人民法院判决撤销或者部分撤销，并可以判决被告重新作出行政行为。因此，本案被诉具体行政行为依法应当撤销。

最终法院采纳了原告的意见，以事实不清、证据不足撤销限拆决定。

三、案件总结

在行政诉讼中，被告必须提供证据和法律依据证明其所作出的行为的合法性。本案中，代理律师一方面指出了被告行为在事实基础和法律依据方面存在的问题，另一方面积极提供证据证明涉案建筑的合法性，这是使得法院最终判决撤销被告作出的限拆决定的主要原因。

在征地拆迁过程中，拆迁部门需要能够准确认定被拆除建筑属于违法建筑。根据现行法律规定，究竟什么样的建筑才算是违法建筑呢？违法建筑主要分为以下三种类型。

（一）违法占用耕地的建筑。根据《土地管理法》的规定，我国土地分为农用地、建设用地、未利用地，如果未改变农用地的用途，在耕地上直接修建的建筑属于违法建筑。

（二）未取得规划许可的建筑。2008 年《城乡规划法》实施之后，无论是城市还是乡村，新建、扩建、改建设都必须有规划许可。在 2008 年之前，《城市规划法》依然有效时已经纳入城市规划区的建筑必须有规划许可。

（三）虽然有规划许可，但是实际建筑超过规划许可范围的建筑或及过临时建设时间的建筑。

违法建筑认定与拆除应当是一个日常工作，但在实践当中常常是等到项目建设需要某块土地之时才开始认定与拆除，有的时候会因赶工期而出现未经认定就已经按照违建拆除，或者拆除过程中未按照法定程序依法拆除。一旦等到拆除之时认定，严格按照法律规定执行，违法建筑不给补偿，或是即使给予少量补偿，也会产生很多的矛盾和纠纷。被拆迁人会简单地认为这是少给补偿的手段。

建房的时候未能及时制止，建成后如果强行拆除会给违法行为人造成很大的经济损失，但不拆除又会形成一个错误的示范。对此，更主要的是要能把功夫下在平时，把违法建筑多发的群体、区域作为法制宣传的重点，减少违法建筑的出现，这样执法成本才会降低，社会也会更加和谐稳定。

加强法制宣传，预防违法建筑的产生，是实现法律效果、整治效果、社会效果相统一的重要一环。被拆迁人也必须擦亮眼睛，搞清楚自己的房屋是否属于违法建筑，进而再有理有据地维护自身的合法权益。

某养殖场房屋被认定为违法建筑维权案

——安徽省阜阳市某县人民法院撤销某区某街道办事处

限期拆除违法建筑通知案

在城市房屋拆迁和拆除违法建筑中，街道办事处往往是具体实施拆除的单位。那么，街道办事处究竟有无实施拆除的法定职权呢？答案是否定的。不管是在征地拆迁中，还是在违法建筑的拆除中，街道办事处均无法定职权。

一、基本案情

安徽省阜阳市某区的张某因养殖需要，于 2011 年在村中建设用地上修建房屋一栋，建筑面积为 200 多平方米。2018 年 4 月 14 日，某区某街道办事处针对张某所建房屋作出了违建通知单，认定张某在建房屋属于违章建筑。张某来所咨询后，与我所签订委托代理合同，后我所指派律师代理本案。

二、律师办案

律师认真审阅了案件材料，通过调查取证，指导张某收集了与案件有关的关键证据，经团队集体研究，制订了总体办案方案。后依法诉至阜阳市某县人民法院，请求依法撤销某街道办事处作出的违法建筑通知单的具体行政行为，并由该街道办事处承担本案诉讼费用。某县法院择期开庭。庭审前承办律师从阜阳赶至某县法院，要求查阅案卷，获悉街道办事处未在法定期限内提供任何证据证明自己所作出具体行政行为的合法性。

综合本案事实，依据相关法律，围绕法庭归纳的争议焦点，承办律师着重就以下四个问题发表了辩论意见。

（一）张某自建房屋经过了村民小组、村委会、某街道办事处的层层审批，街道办事处认定张某房屋在建与事实不符。

根据《农业用地申请备案表》、居委会出具的房屋权属证明显示，张某的房屋在 2013 年 4 月之前就已经竣工，并不存在在建的问题。某街道办事处认定张某在建房屋属于违建，无事实基础和法律依据。

（二）街道办事处不具有拆除违建的法定职责。

《地方各级人民代表大会和地方各级人民政府组织法》第68条第3款规定："市辖区、不设区的市人民政府，经上一级人民政府批准，可以设立若干街道办事处，作为它的派出机关。"《城乡规划法》第65条规定："在乡、村庄规划区内未依法取得乡村建设规划许可证或者未按照乡村建设规划许可证的规定进行建设的，由乡、镇人民政府责令停止建设、限期改正；逾期不改正的，可以拆除。"根据上述规定，被告作为某区派出机关，不属于乡、镇人民政府，不能依照城乡规划法赋予乡镇的职权履行法定职责。

（三）街道办事处在违法建筑通知单中未载明所适用具体法律法规，应视为其作出的行政行为无依据。

街道办事处未出示任何证据证明自己所作出的具体行政行为合法，应视为没有证据，依法应当承担举证不能的后果。

（四）街道办事处未保证张某陈述、申辩的权利，违反了法定程序。

街道办事处未保证原告陈述、申辩的权利，违反了《行政强制法》第35条“行政机关作出强制执行决定前，应当事先催告当事人履行义务。催告应当以书面形式作出，并载明下列事项：（一）履行义务的期限；（二）履行义务的方式；（三）涉及金钱给付的，应当有明确的金额和给付方式；（四）当事人依法享有的陈述权和申辩权”的规定，违法建筑通知单应当撤销。

被告并未依法对限期拆除的通知进行公告，就直接对原告房屋及附属设施进行强制拆除，剥夺了原告法定救济权利，违反了《行政强制法》第44条“对违法的建筑物、构筑物、设施等需要强制拆除的，应当由行政机关予以公告，限期当事人自行拆除。当事人在法定期限内不申请行政复议或者提起行政诉讼，又不拆除的，行政机关可以依法强制拆除”的规定。

对违法的建筑物、构筑物、设施等需要强制拆除的，应当由行政机关予以公告，只有当事人在法定期限内不申请行政复议或者提起行政诉讼，又不拆除的，行政机关才可以依法强制拆除。

法庭认真听取双方意见后，经合议庭合议采纳了承办律师的意见，判决认定某街道办事处的行为违法。

三、案件总结

首先，由于张某法律意识较强，收到违法建筑通知单后并未惊慌失措，也没有盲目上访或使用暴力，而是依法委托具有专业法律知识的律师维权。因待启动的法律程序尚在法定时限内，为律师办理提供了基础。

其次，本案中某街道办事处的行为既有实体方面的违法，也有程序违法，既无法律依据，又没有事实基础，而这些问题对于没有专门的法律知识，缺乏实务经验的行政相对人而言是不易发现的，而专业律师能够抓住问题的核心要害，从而使得被拆迁人的诉求更易得到法院的支持。

最后，律师对案件负责的精神和扎实的法律基础是本案得以胜诉的关键。如果律师不能根据法律规定找到案件的关键点，深入实际收集证据，则无法证明房屋建设的合法性；如果律师不能提前赶到法院要求阅卷，也不会知道某街道办事处并没有在法定期限内提交证据，则无法在法庭辩论时提出这一问题。及时有效的沟通也是本案得以胜诉的一个原因，有道理不一定能讲清楚、说明白，即使说清楚了，如果不是在合适的时机、采用妥善的表达，也一样不能收到好的效果。

某橡胶公司厂房被认定为违法建筑维权案

——河北省某市人民法院撤销某自然资源和规划局与某乡政府联合作出的限期拆除违法建筑通知案

本案同样涉及“没有房屋所有权证、规划许可证是否一律属于违法建筑”的问题，被告作出限期拆除决定，忽视了认定建筑物违法有一系列的程序和条件，最终被法院以事实不清，违反法定程序为由予以撤销。

一、基本案情

2019 年 10 月 30 日，某市某乡人民政府、某市自然资源和规划局向某橡胶制品有限公司下达了限期拆除通知书，通知认定该公司厂房违法，要求所在公司限期拆除。该公司不服，依法与我所签订委托代理合同，我所指派律师代理本案。

二、律师办案

律师接受委托之后认真审阅了案件材料，通过调查取证，指导某橡胶制品有限公司收集了案件的关键证据，经团队集体研究，制订了总体办案方案。后依法诉至某市人民法院，并积极与法院沟通反映案件的事实，查阅被告答辩意见和提交的证据，发表如下代理意见。

（一）二被告认定原告厂房违法适用法律错误，违反法不溯及既往原则，限期拆除通知书依法应当撤销。

原告于 2007 年建造厂房，被告依据 2008 年实施的《城乡规划法》、2012 年实施的《河北省城乡规划条例》，要求原告限期拆除厂房，违反了《立法法》第 93 条“法律、行政法规、地方性法规、自治条例和单行条例、规章不溯及既往，但为了更好地保护公民、法人和其他组织的权利和利益而作的特别规定除外”的规定。公民、法人、其他组织、行政机关等只能将业已生效的法律，作为自己的行动指南及判断是非对错的依据，如果让原告在 2007 年遵守 2008 年才实施的法律，则违反了法不溯及既往的基本原则。二被告作出的《限期拆除通知书》无法律依据，依法应当撤销。

（二）二被告无证据证明原告房屋属于违法建筑，原告拥有的厂房及附属设施属于合法建筑，依法应当受到法律保护。

《物权法》第 30 条规定：“因合法建造、拆除房屋等事实行为设立或者消灭物权的，自事实行为成就时发生效力。”[a] 据此规定，原告系厂房及附属设施等地上附属物的所有权人。《物权法》第 4 条规定：“国家、集体、私人的物权和其他权利人的物权受法律保护，任何单位和个人不得侵犯。”[b] 据此规定，原告厂房及附属设施依法应当受到法律保护。

被告无证据证明原告厂房属于违法建筑。《行政诉讼法》第 34 条第 2 款规定：“被告不提供或者无正当理由逾期提供证据，视为没有相应证据。但是，被诉行政行为涉及第三人合法权益，第三人提供证据的除外。”《最高人民法院关于行政诉讼证据若干问题的规定》第 1 条第 1 款规定：“根据行政诉讼法第三十二条和第四十三条的规定，被告对作出的具体行政行为负有举证责任，应当在收到起诉状副本之日起十日内，提供据以作出被诉具体行政行为的全部证据和所依据的

a 《民法典》颁布实施后，现为《民法典》物权编第 231 条。
b 《民法典》颁布实施后，现为《民法典》物权编第 207 条。

规范性文件。被告不提供或者无正当理由逾期提供证据的，视为被诉具体行政行为没有相应的证据。”根据上述规定，二被告依法应当承担举证不能的后果。

（三）被告作出限期拆除决定之时，没有保证原告陈述申辩的权利，被告作出的限期拆除通知书依法应当撤销。

《行政强制法》第 8 条第 1 款规定：“公民、法人或者其他组织对行政机关实施行政强制，享有陈述权、申辩权；有权依法申请行政复议或者提起行政诉讼；因行政机关违法实施行政强制受到损害的，有权依法要求赔偿。”据此，原告依法享有陈述申辩的权利。被告作出限期拆除决定之时，没有保证原告陈述申辩的权利，违反了《行政强制法》第 18 条、第 35 条的规定。根据《行政诉讼法》第 70 条第 3 项的规定，行政行为违反法定程序的，人民法院判决撤销或者部分撤销，并可以判决被告重新作出行政行为。因此，本案被作出的限期拆除决定依法应当撤销。

最终法院采纳了律师的代理意见支持了原告的诉求，认定二被告认定事实不清、未保证原告的陈述申辩权利，限期拆除通知最终被撤销。

三、案件总结

起初接受委托时，委托人并未提供限期拆除通知书，认为这并不重要。代理律师基于以往的办案经验，推断本案委托人很可能收到了限拆通知书，通过询问委托人，获悉确有限期拆除通知书，但不知道放在了何处。后通过积极寻找，找到了限拆通知书，才启动诉讼程序。

本案中，原告充分信任代理律师的专业能力，为律师代理案件提供了基础，同时积极按照代理律师的要求提供相应材料，组织相关的证据。法院受理案件之后，代理律师积极与承办法官沟通，撰写书面意见，使得原告的诉求最终得到了支持。

某服装厂、电动车厂针对违法征收决定维权案

——河南省商丘市中级人民法院撤销某区征收决定案

集体土地和国有土地的征收各有相应的法定程序，违背法定程序或欠缺法定条件皆属违法行为。在我所代理的案件中，撤销河南省商丘市某区管委会作出的征收决定是一起典型的案例。

一、基本案情

河南省商丘市某区管委会于2017年2月17日作出《关于对某街道某大棚户区改造项目土地上房屋实施征收的决定》（商示管〔2017〕20号）（以下简称《决定》）的具体行政行为，辖区内某服装厂、某电动车厂不服，来我所咨询，后共同委托我所律师代理本案。本案历经复议、诉讼，最终诉求请求获得支持，确认某区管委会的征收决定违法，撤销了商丘市人民政府作出的维持该征收决定的复议决定。

二、律师办案

本案承办律师在介入案件之后，经过调查取证，走访政府部门，申请政府信息公开，听取当事人的陈述，全面了解了案情，而后制订了总体办案方案，其中针对征收决定的程序是诸多程序之中重要的一个。基于尽可能缩短办案周期，更好地维护委托人利益的考虑，我们首先选择了行政复议，因为复议的时间是60天，诉讼时间是6个月，且复议无须缴纳任何费用，行政机关上下级之间沟通也会比较顺畅。没有想到的是，商丘市人民政府维持了某区管委会的征收决定。为维护自身的合法权益，委托人遂依法诉至商丘市中级人民法院。在诉讼中，承办律师着重就本案存在的问题做了如下论述，最终赢得了法院的支持。

（一）某区管委会在没有有权机关作出的征地批复的情况下作出《决定》违反法律规定，依法应当撤销。商丘市人民政府违法作出维持决定行政复议决定，依法应当撤销。

《决定》显示，某大棚户区改造项目所涉土地包含集体农用土地。国土资源局某分局公开的回复明确告知“该项目没有征地批准文件”，某区管委会在复议期间也从未提交有权机关作出的征地批准文件。根据《土地管理法》（2004）第43条[a]及《商丘市城市规划区内集体土地上房屋征收与补偿安置办法》（商政〔2012〕3号）第11条第2款“实施房屋征收时，国土部门同时履行征收范围内集体土地的征收程序，对合法占地进行补偿”的规定可知，任何单位和个人进行建设，需要使用土地的，必须依法申请使用国有土地，履行相关的审批程序，依法进行补偿。

《土地管理实施条例》第25条第3款[b]规定：“市、县人民政府土地行政主管部门根据经批准的征收土地方案，会同有关部门拟订征地补偿、安置方案，在被征收土地所在地的乡（镇）、村予以公告，听取被征收土地的农村集体经济组织和农民的意见。征地补偿、安置方案报市、县人民政府批准后，由市、县人民政府土地行政主管部门组织实施……”根据这一规定，某区管委会在没有有权机关作出征地批复的情况下发布《决定》，违反了法律规定，涉嫌违法占用集体农用土地，依法应当撤销。商丘市人民政府在某区管委会未提交

a 《土地管理法》2019年修订后，现参见第44条、第45条。

b 《土地管理法实施条例》2021年修订后，参见第31条、第32条。

有权机关作出的征地批复的情况下，作出了维持《决定》的复议决定，依法应当撤销。

（二）某区管委会没有提供有效证据证明《决定》符合国民经济和社会发展规划、土地利用总体规划、城乡规划和专项规划，也未形成社会稳定风险评估报告，该管委会作出征收决定依据不足，程序违法，依法应当撤销。商丘市人民政府认定事实错误，据此作出的复议决定依法应当撤销。

某区管委会没有提供有效证据证明符合国民经济和社会发展规划、土地利用总体规划、城乡规划和专项规划，也未形成社会稳定风险评估报告。《国有土地上房屋征收与补偿条例》第9条第1款规定："依照本条例第八条规定，确需征收房屋的各项建设活动，应当符合国民经济和社会发展规划、土地利用总体规划、城乡规划和专项规划。保障性安居工程建设、旧城区改建，应当纳入市、县级国民经济和社会发展年度计划。"第12条第1款规定："市、县级人民政府作出房屋征收决定前，应当按照有关规定进行社会稳定风险评估；房屋征收决定涉及被征收人数量较多的，应当经政府常务会议讨论决定。”根据上述规定，某区管委会作出的征收决定依据不足，程序违法。

（三）《决定》未按照法定程序征求公众意见，违反有关规定，依法应当撤销。商丘市人民政府认定事实错误，据此作出的复议决定依法应当撤销。

某区管委会公布房屋征收与安置补偿实施方案没有征求公众意见，某服装厂、某电动车厂从未见到管委会发布房屋征收与补偿方案（草案），也没有在征求意见会议记录上签过字。《商丘市城市规划区内集体土地上房屋征收与补偿安置办法》第8条第1款也规定：“区房屋征收部门根据调查核实的情况，拟定征收补偿方案报本级人民政府（管委会）进行初审，区人民政府（管委会）认为可行的，应当组织有关部门对征收补偿方案进行论证并予以公布，征求公众意见。征求意见期限不少于20日。”某区管委会未征求某服装厂、某电动车厂在内的公众的意见，违反有关规定，侵害了某服装厂、某电动车厂的合法权益，依法应当撤销。商丘市人民政府认定事实错误，据此作出的复议决定依法应当撤销。

最终，商丘市中级人民法院认定某区管委会作出征收决定主要依据不足，程序违法。因已有被征收人与征收单位签订补偿协议，根据《行政诉讼法》第74条第1项“行政行为有下列情形之一的，人民法院判决确认违法，但不撤销行政行为:(一)行政行为依法应当撤销，但撤销会给国家利益、社会公共利益造成重大损害的……”的规定，确认管委会的征收决定违法，撤销了商丘市人民政府作出的维持该征收决定的复议决定。

三、案件总结

只要路对了就不怕远。办案中，律师经常会被问“我们这个案子能赢吗”。其实，律师在办理案件过程中不能对案件的结果做出任何形式的承诺，这是职业纪律要求，同时，这也超出了律师的能力，因为事实上无法保证所有程序的所有主张一定能得到支持。我们应当坚信的是法律和公平正义的存在，坚信违法行为一定会被纠正。诉诸法律有时可能也不一定是最理想的方式，但在现实生活中却往往是最为有效的。我们要善于关注自己的合法权益，并通过法律去维护自己的合法权益。

某服装厂、某电动车厂被认定为违法偷税维权案

——河南省商丘市中级人民法院撤销某区税务局

稽查局行政处罚决定案

在征地过程中通过对被征收企业的税收、消防进行检查，通过向被征收人亲属施压，最终推动征收工作开展的并不少见，但是真正作出税收行政处罚决定的案子比较少。我所代理的河南省商丘市的撤销税收行政处罚决定案对于被征收人有效维护合法权益具有一定指引意义，在此进行简要介绍。

一、基本案情

河南省商丘市某区管委会于2017年2月17日作出《关于对某街道某大棚户区改造项目土地上房屋实施征收的决定》（商示管〔2017〕20号）（以下简称《决定》）的具体行政行为，辖区内某服装厂、某电动车厂不服，来我所咨询，后共同委

托我所律师代理本案。与此同时，辖区税务稽查局针对该服装厂和电动车厂分别作出税务行政处罚书，我所指派两位律师代理本案。本案历经一审、二审、再审，最终诉求获得支持，撤销了税务局稽查局作出的行政处罚决定。

二、律师办案

本案承办律师在介入案件之后，通过调查取证，认真查阅卷宗材料，指导委托人收集了案件的关键证据，经团队集体研究，制订了总体办案方案。委托人依法诉至法院，经审理，一审法院维持了行政处罚决定，后上诉至商丘市中级人民法院，依法撤销了一审法院的判决，辖区税务局稽查局不服，上诉至河南省高级人民法院，最终维持了二审法院的判决，因两案情形大体一致，本文就某服装厂再审程序进行简要介绍。

（一）某服装厂没有偷税，辖区税务稽查局认定事实、适用法律错误，税务处罚决定应当撤销。

自注册营业以来，某服装厂依法积极主动缴纳应纳税款，为周围村民解决了就业问题，承担了相应的社会责任。根据

《最高人民法院关于审理偷税抗税刑事案件具体应用法律若干问题的解释》第1条、《税收征收管理法》第63条等规定，结合本案事实，构成偷税的条件是实施如下四种行为:（一）伪造、变造、隐匿、擅自销毁账簿、记账凭证;（二）在账簿上多列支出或者不列、少列收入;（三）经税务机关通知申报而拒不申报纳税;（四）进行虚假纳税申报，以实现不缴或者少缴应纳税款的目的。某服装厂的情况不属于偷税，因此，也不应当适用《税收征收管理法》第63条“百分之五十以上五倍以下的罚款”的规定。辖区税务稽查局在一审、二审中均未提供任何有效的证据证明服装厂存在《最高人民法院关于审理偷税抗税刑事案件具体应用法律若干问题的解释》第1条、《税收征收管理法》第63条所规定的通过伪造、变造、隐匿、擅自销毁账簿、记账凭证，或者在账簿上多列支出或者不列、少列收入，或者经税务机关通知申报而拒不申报或者进行虚假的纳税申报为手段，以实现不缴或者少缴应纳税款目的的行为，且辖区税务局稽查局在行政处罚程序中直接使用刑事案件的法律规范属于适用法律错误。

（二）辖区税务局稽查局认定某服装厂已办理地税登记，但并未提交相应的证据佐证，依法应当承担举证不能的后果，税务处罚决定应当撤销。

辖区税务局稽查局并未提供证据证明服装厂已经办理地税登记，其认定税务机关已通知服装厂进行税款申报，进而认定上诉人不缴税款的行为构成偷税主要证据不足。《行政诉讼法》第 34 条："……被告不提供或者无正当理由逾期提供证据，视为没有相应证据。但是，被诉行政行为涉及第三人合法权益，第三人提供证据的除外。"《最高人民法院关于行政诉讼证据若干问题的规定》第 1 条第 1 款："根据行政诉讼法第三十二条和第四十三条的规定，被告对作出的具体行政行为负有举证责任，应当在收到起诉状副本之日起十日内，提供据以作出被诉具体行政行为的全部证据和所依据的规范性文件。被告不提供或者无正当理由逾期提供证据的，视为被诉具体行政行为没有相应的证据。"根据上述规定，辖区税务局稽查局依法应当承担举证不能的后果。

（三）辖区税务局稽查局未能根据实际情况依法履行催缴程序，径行适用关于偷税的规定于法无据，税务处罚决定应当撤销。

《税收征收管理法》第 37 条规定了对未办理税务登记的纳税人，税务机关可以核定应纳税额，责令缴纳，不缴纳的，税务机关可以采取强制措施。第 63 条第 1 款对于已经办理税务登记，税务机关通知申报而不申报，可以责令限期改正，也可以根据情节轻重处于相应罚款。辖区税务局稽查局可以根据服装厂实际情况采取相应的执法措施，而不是直接适用偷税的规定，给予未缴税额4倍的罚款，其处罚决定属于适用法律错误。

（四）辖区税务局稽查局认定事实、适用法律错误，据此作出的税务处罚决定依法应当撤销。

第一，城建税适用税率错误。某服装厂厂房所在地土地属于集体所有土地，以上事实有服装厂提交的土地权属图来佐证。《城市维护建设税暂行条例》第 4 条规定，城市维护建设税税率如下：（一）纳税人所在地在市区的，税率为百分之七；（二）纳税人所在地在县城、镇的，税率为百分之五；（三）纳税人所在地不在市区、县城或镇的，税率为百分之一。根据这一规定，某服装厂应当适用1%的税率，而辖区税务局稽查局按照7%的税率计算其应当缴纳的税款，适用税率错误。

第二，关于个人所得税。某服装厂自营业以来，在相当长的时间里除去电费、工人工资、租赁店铺费用、营销费用等没有利润，基本处于保本经营状态。根据《个人所得税法》[a]（2011）第6条第1款第2项规定，个体工商户的生产、经营所得，以每一纳税年度的收入总额减除成本、费用以及损失后的余额，为应纳税所得额。辖区税务局稽查局计税依据严重超出实际情况，据此征收个人所得税严重违法。

第三，关于房产税。某服装厂位于经济开发区，土地属于农村集体所有。根据《房产税暂行条例》第1条“房产税在城市、县城、建制镇和工矿区征收”及《河南省房产税暂行条例实施细则》第2条第1款“在城市、县城、工矿区开征房产税，农村不征收。建制镇房产税是否开征、何时开征，由省辖市人民政府、地区行政公署确定”等规定，依法不属于应纳房产税的范围。

第四，关于印花税。2012年12月24日，某区税务局稽

a 最新为2018年修订。

查局称某服装厂 2011 年 11 月签订了一份土地转让合同书，但这一事实并不成立，该服装厂并未签订过土地转让合同，因此无须交纳印花税。辖区税务局稽查局认定事实错误，税务处罚决定依法应当撤销。

综上，辖区税务局稽查局作出的税务处罚决定因认定事实、适用法律错误，依法应当撤销。

（五）辖区税务局稽查局让服装厂补交 5 年之前的税款，辖区税务局稽查局作出的税务处罚决定依法应当撤销。

辖区税务局稽查局在 2017 年作出税务处罚决定，让申请人缴纳 2012 年至 2017 年 6 月的税款。这违反了《税收征收管理法》第 52 条第 1 款“因税务机关的责任，致使纳税人、扣缴义务人未缴或者少缴税款的，税务机关在三年内可以要求纳税人、扣缴义务人补缴税款，但是不得加收滞纳金”的规定，辖区税务局稽查局在 2017 年让申请人补交 5 年之前的税款，于法无据。

最终，河南省高级人民法院采纳了代理律师的意见，驳回辖区税务局稽查局申请，维持了二审法院的判决，某服装厂、某电动车厂的诉求均获得支持。

三、案件总结

“以事实为根据，以法律为准绳”是本案最终得以反败为胜的关键，而真正做到这一点，需要承办律师对纷繁复杂的案件事实进行详细梳理，对法律法规进行正确理解，还要对相似的案例进行认真研读。本案中，由于承办律师和当事人都坚信司法公正，且双方之间互相信任，精诚合作，才最终赢得了案件的胜利。

某养殖场被以污染环境为由处罚案

——天津海事法院撤销某生态环境局作出的行政处罚决定案

近年来，国家对环保问题非常重视，环境法律法规越来越健全，处罚力度也越来越重。十几年前，企业也许并不会因环境问题受到行政处罚，但是现在，企业在同样的生产环境下，有可能被生态环境局予以行政处罚。不过，在依法行政的环境下，政府部门进行环境整治的同时，还要对其作出的具体行政行为的合法性承担举证责任。对于政府部门作出的行政处罚决定，当事人拥有提起行政复议及行政诉讼的救济权利，是非曲直在法律程序中终会得到判断。

一、基本案情

2009 年，某公司被当地政府招商引资过来，在政府划定的范围内从事渔业养殖。2019 年 10 月 29 日，某生态环境局对其作出了行政处罚，认为该公司违反法律规定设置入海排污口，违反了《海洋环境保护法》第30条第1款的规定，对该公司作出关闭入海排污口，并罚款人民币5万元的行政处罚。

某生态环境局认为该公司养殖场所排放的养殖尾水属于污染物，所设的排水口属于排污口，并提交了排放养殖尾水的视频、照片等证据予以印证。该公司认为，2009年，某镇人民政府将某海产品养殖开发基地作为招商引资项目报请区政府批准并获批同意，该基地即该公司的所在地，该公司的养殖场已建成多年，某生态环境局从未对此类入海排污口进行过备案，也不掌握具体的备案程序、备案流程，且某生态环境局对本市此类排污口的设置是否进行过监督管理亦无法回答。某生态环境局认为，根据GB8978-1996号污水综合排放标准，污水是指在生产与生活活动中排放的水的总称，养殖排放的尾水或废水的出口设施为排污口。故本案的主要焦点为养殖尾水是否属于污染物，以及所设的排水口是否属于排污口。

二、律师办案

该公司向法院提起行政诉讼，结合案件事实以及被告应该对其作出的行政处罚负举证责任的情形，就事实的认定和法律的适用进行了应有之辩。

《海洋环境保护法》第30条规定："入海排污口位置的选择，应当根据海洋功能区划、海水动力条件和有关规定，经科学论证后，报设区的市级以上人民政府环境保护行政主管部门备案。环境保护行政主管部门应当在完成备案后十五个工作日内将入海排污口设置情况通报海洋、海事、渔业行政主管部门和军队环境保护部门。在海洋自然保护区、重要渔业水域、海滨风景名胜区和其他需要特别保护的区域，不得新建排污口。在有条件的地区，应当将排污口深海设置，实行离岸排放。设置陆源污染物深海离岸排放排污口，应当根据海洋功能区划、海水动力条件和海底工程设施的有关情况确定，具体办法由国务院规定。"由此可知，入海排污口的备案制度是2017年11月4日《海洋环境保护法》修订后才开始实施的，不能以2017年11月4日以后修订的制度来要求2008年的行为。故根据法不溯及既往的原则，某生态环境局以2017年11月4日修订《海洋环境保护法》的入海排污口的备案制度来对某公司进行行政处罚，属于适用法律依据错误。

在庭审中，律师当庭询问某生态环境局，对该公司作出要求责令补办相关环保手续，会涉及哪些审批手续以及入海排污口的备案流程，某生态环境局均没有给出明确回答。某生态环境局明确说明，关于入海排污口的备案，在该地区从未对任何公司做出过备案的许可，也没有关于入海排污口备案流程的规定。在长达三年的时间中，某生态环境局都没有制定入海排污口的备案流程，那么该公司依据什么来进行办理?

某生态环境局并没有对该公司的养殖尾水进行水质检测，也未比较养殖尾水是否超出了国家现行的排放标准，也就是说，某生态环境局没有证据证明该公司排放的养殖尾水超出了国家现行的排放标准。既然其没有证据证明该公司的养殖尾水超出了国家现行的排放标准，如何依据国家标准认定向海域排放污水的事实？本案排水口又如何能被认定为入海排污口？在没有证据证明的基础上，某生态环境局这样认定事实，实属错误。

某生态环境局先推断该公司排放的养殖尾水属于污染物，且认为养殖尾水是唯一对外和向海的排水口，所以推断该公司排放养殖尾水的排水口就是入海排污口。但某生态环境局严重忽略了最重要的事实，即该公司排放的养殖尾水属于污染物这一事实成立，其推理才有可能成立。就如同上面所述，某生态环境局没有提交任何证据，就认定该公司排放的养殖尾水属于污染物，属于认定事实错误。所以，某生态环境局以这种没有任何证据证明的事实为依据作出的行政处罚就是错误的。

三、案件总结

经过天津海事法院一审、天津市高级人民法院二审，最终某生态环境局作出的行政处罚决定书被撤销。法院认为，某生态环境局作出被诉处罚决定时，未对养殖尾水进行水质检测，未分析认定养殖尾水的成分，也未比较养殖尾水是否超出了国家现行的排放标准，是否会对当地海洋环境造成损害，故其认定某公司排放养殖尾水的排水口为排污口缺乏事实依据。且多年间，某生态环境局从未对此类入海排污口进行过备案，也不掌握具体的备案程序、备案流程。该公司被批准成立后，建立养殖场多年未有相关部门进行监管，要求其办理相关环保手续，产生了一定的信赖利益，在此情况下，作为行政执法机关，在发现问题后，更应当本着处罚与教育相结合的原则，告知其应当如何完善相应手续，妥善处理历史遗留问题，依法规范整治，而不是简单地以罚代管。

案件办理到这个程度，作为律师也就完全放下心了。影响案件成败的因素有很多，面对当事人的信任与嘱托，我们所能做的就是凭借专业的功底，结合事实与法律，去阐释案件。当我们真正做到尊重事实、尊重法律，并坚持相互信任时，也就更容易获得我们所期待的结果。

五、确认拆除房屋违法案

农家乐被违法拆除应如何维权？

——新疆乌鲁木齐新市区人民法院确认某执法局违法强制拆除及行政赔偿案

农家乐作为乡村脱贫致富的途径具有很多优势，既可以充分利用当地风俗民情、土特产等优势为农民创收，还具有低碳、环保等好处。然而，农家乐大多处于城乡接合部，在城市发展过程中往往由于城市建设而面临征收、拆迁。当农家乐被违法拆除时，农家乐创办者应如何依法维护自身合法权益？

一、基本案情

新疆乌鲁木齐某区某村村民王某于2004年经过乡人民政府、某村民委员会批准，利用村里闲置建设用地修建房屋，用于创办农家乐。为了办好农家乐，王某起早贪黑，投入了大量的人力、物力，辛辛苦苦工作十多年，建造了客房、厨房，修建了道路及其他附属设施，还种植了大量的树木，用心地经营。功夫不负有心人，王某多次获得表彰，其所创办的农家乐被新疆维吾尔自治区旅游质量评定委员会评为3星级农家乐。

2018年4月20日，乌鲁木齐市某区城市管理行政执法局（以下简称某区执法局）以未取得建设工程规划许可，且无法采取改正措施消除对规划实施的影响为由，作出了《限期拆除违法建筑物、构筑物决定书》。同年4月26日，某区执法局将王某房屋强制拆除。王某不服强制拆除房屋的具体行政行为，依法委托我所代理本案。

二、律师办案

本案代理律师首先详细了解了案情，后代理王某对违法强拆行为提起了法律程序，依法诉至法院。由于某区行政案件实行异地管辖，新市区法院依法受理本案。在诉讼过程中，被告某区执法局答辩称并未实施拆除行为，为防止相互推诿，原告追加了乌鲁木齐某片区管委会作为共同被告。庭审中，代理律师主要围绕被告某区执法局和某片区管委会拆除房屋违法，依法应当予以赔偿两个方面发表意见。

（一）王某自建房屋经过乡政府、某村民委员会批准，属于合法建筑，某区执法局认定王某房屋是违法建筑属于认定事实、适用法律错误，且在实施强拆过程中程序违法，依法应当确认违法。

王某用于创办农家乐的自建房屋经过了乡人民政府、某村民委员会批准，于2004年筹备施工。某区执法局认定王某用于创办农家乐的房屋属于违法建筑，所依据的是2008年1月1日实施的《城乡规划法》①，某区执法局依据王某房屋建成之后实施的法律认定王某此前建造的房屋违法，违反了法不溯及既往的原则和《乌鲁木齐市查处违法建筑条例》第3条第3款“本条例施行前已建成的建筑物、构筑物，是否属于违法建设，依照建设当时施行的法律、法规的规定予以认定”的规定，属于认定事实、适用法律错误。

（二）某区执法局实施强拆过程中程序违法，依法应当确认违法。

《行政强制法》第44条规定：“对违法的建筑物、构筑物、设施等需要强制拆除的，应当由行政机关予以公告，限期当

① 最新为2019年修正。

事人自行拆除。当事人在法定期限内不申请行政复议或者提起行政诉讼，又不拆除的，行政机关可以依法强制拆除。”因此，某区执法局实施强拆过程中并未公告，存在程序违法情形。

《行政诉讼法》第70条规定：“行政行为有下列情形之一的，人民法院判决撤销或者部分撤销，并可以判决被告重新作出行政行为：（一）主要证据不足的；（二）适用法律、法规错误的；（三）违反法定程序的……”据此，某区执法局认定王某房屋是违法建筑无事实基础和法律依据，二被告强制拆除王某房屋的行为依法应当确认违法。

（三）某区执法局强制拆除王某合法房屋，给王某造成了很大的经济损失，依法应当赔偿王某损失。

为了建造农家乐，王某投入了大量的人力、物力，农家乐逐渐从当初入不敷出发展到略有盈余。近年，农家乐经营收入基本上是王某唯一的生活来源。王某因患病花费了巨额医药费，常年需要人照顾，生活较为困难。强拆农家乐等于断绝了王某的经济来源，导致其家庭背上了更加沉重的经济负担。

《物权法》第30条[①]规定:“因合法建造、拆除房屋等事实行为设立或者消灭物权的，自事实行为成就时发生效力。”因此，王某用于经营农家乐的房屋属于王某合法财产。某区执法局认定事实、适用法律错误，继而拆除王某赖以维持生计的房屋，给王某造成了巨大的经济损失，根据《国家赔偿法》第4条、第36条等规定，依法应当判令某区执法局对王某的损失进行赔偿。

最终，法院依法确认某区执法局强拆行为违法，判决某区执法局赔偿王某1689888元。某区执法局上诉至乌鲁木齐市中级人民法院，经中院法官调解，某区执法局撤诉，王某承诺不再执行原判决，二审法院依法作出裁定，王某与所在村村民委员会达成协议，依法领取补偿款。

三、案件总结

首先,“人生在勤，不索何获？”当自身合法权益受到侵害时，如果自己不去积极寻求救济，就无法得到及时充分的保护。本案中，王某法律意识较强，由于委托之时手上证据材料都保存得很好，也未超过法定起诉期限，这就为律师办

① 《民法典》颁布实施后，现为《民法典》物权编第231条。

理案件提供了基础。

其次，代理律师对于法律法规的掌握也是王某诉求最终获得法院支持的主要原因。律师不仅要熟悉法律法规，而且要善于查找地方性规章，不仅要掌握实体性法律，还要熟悉程序性法律。

再次，关于强拆主体的确定也是本案的一个难点。实施拆除的过程中，想要拍照、录像，保留有关证据，并不容易。有时被拆迁人即使拍摄了拆除的录像，但没有拍到具体的工作人员，也无法最终确定谁是强拆主体。为了保证不遗漏被告，本案中把管委会也列为被告。同时，行政诉讼适格被告应当根据“谁行为，谁被告；行为者，能处分”的原则确定。在无主体对强拆行为负责的情况下，人民法院通过对证据材料进行综合审查、追加被告等方式，审理认定或者推定行为实施主体，而非在未确定行为实施主体的情况下，以不具有事实根据为由裁定驳回起诉。

最后，行政赔偿的范围是因强制拆除造成的直接经济损失。有的被拆迁人提出，我不能要求赔偿精神损失吗？行政赔偿范围是法定的，法院不会支持无法律依据的诉求。在诉讼过程中，要有证据证明自己的损失，否则将难以得到支持。

住建局联合街道办拆除李某等人住房案

——山东省聊城市某区人民法院确认某区住建局、

街道办强制拆除房屋违法案

一、基本案情

山东省聊城市某区李某等人因拆迁补偿纠纷委托我所代理维护权益，律师接受委托之后认真审阅了案件材料，通过调查取证，指导委托人收集了案件的关键证据，经团队集体研究，制订了总体办案方案。

2017 年 12 月 16 日，辖区管委会住房和城乡建设局及街道办事处在无征地批文、无建设用地和工程规划许可、未通知李某等人、未对房屋经济价值进行评估、双方未达成补偿协议的情况下，将李某等 4 户房屋拆除，后李某等人依法诉至法院。

二、律师办案

因本案代理律师介入较早，在房屋被强制拆除之前已经做好充分的准备，收集了涉案项目欠缺相关报批材料的证据，强制拆除时又指导委托人固定了证据，使诉讼得以顺利进行。起诉之后积极与法院沟通反映案件的事实，查阅被告答辩意见和提交的证据，制定诉讼策略，事先进行庭审模拟，研判诉讼过程中对方的观点，在庭审时发表如下意见。

（一）被告在有权机关作出征地批复之前，未取得建设用地和规划许可证的情况下，拆除原告房屋，严重违反法定程序，依法应当确认违法。

原告向山东省国土资源厅、聊城市国土资源局申请公开省道 S242、S246 聊城绕城段改建工程度假村段工程项目的征地批准文件，山东省国土资源厅、聊城市国土资源局均告知不存在该征地信息。原告向山东省住房和城乡建设厅、聊城市规划局申请 S242、S246 聊城绕城段改建工程度假村段工程项目选址意见书、建设用地规划许可证、建设工程规划许可证，山东省住房和城乡建设厅、聊城市规划局均答复均无相应信息。

《城乡规划法》第 36 条第 1 款规定："按照国家规定需要

有关部门批准或者核准的建设项目，以划拨方式提供国有土地使用权的，建设单位在报送有关部门批准或者核准前，应当向城乡规划主管部门申请核发选址意见书。”第 37 条规定：“在城市、镇规划区内以划拨方式提供国有土地使用权的建设项目，经有关部门批准、核准、备案后，建设单位应当向城市、县人民政府城乡规划主管部门提出建设用地规划许可申请，由城市、县人民政府城乡规划主管部门依据控制性详细规划核定建设用地的位置、面积、允许建设的范围，核发建设用地规划许可证。建设单位在取得建设用地规划许可证后，方可向县级以上地方人民政府土地主管部门申请用地，经县级以上人民政府审批后，由土地主管部门划拨土地。”《土地管理法》(2004) 第 43 条规定：“任何单位和个人进行建设，需要使用土地的，必须依法申请使用国有土地……”第 44 条第 1 款规定：“建设占用土地，涉及农用地转为建设用地的，应当办理农用地转用审批手续。”[①]《土地管理法实施条例》(2014) 第 25 条第 1 款规定：“征收土地方案经依法批准后，由被征收土地所在地的市、县人民政府组织实施，并将批准征地机关、批准文号、征收土地的用途、范围、面积

① 《土地管理法》2019 年修订后，现参见第 44 条、第 45 条。

以及征地补偿标准、农业人员安置办法和办理征地补偿的期限等，在被征收土地所在地的乡（镇）、村予以公告。”[①]根据上述规定，被告在没有征地批复，也未取得建设用地和规划许可证的情况下就开工建设，拆除原告房屋的行为严重违法，依法应当确认违法。

（二）被告无权直接实施征收行为，也未按照法定条件和程序向人民法院申请强制执行，依法应当确认为违法。

《地方各级人民代表大会和地方各级人民政府组织法》第68条第3款规定：“市辖区、不设区的市人民政府，经上一级人民政府批准，可以设立若干街道办事处，作为它的派出机关。”《土地管理法》（2004）第46条第1款规定：“国家征收土地的，依照法定程序批准后，由县级以上地方人民政府予以公告并组织实施。”[②]根据上述规定，被告街道办事处无直接实施拆除原告房屋的职权。

《城乡规划法》第66条规定：“建设单位或者个人有下列

① 2021年修订后，为第31条。进一步规定了征收土地公告的时间应“自收到批准文件之日起十五个工作日内”，发布范围应包括“村民小组”等内容。

② 根据2019年修改后的《土地管理法》该条款调整为第47条第1款，内容未变。国家征收土地的，依照法定程序批准后，由县级以上地方人民政府予以公告并组织实施。

行为之一的，由所在地城市、县人民政府城乡规划主管部门责令限期拆除，可以并处临时建设工程造价一倍以下的罚款：（一）未经批准进行临时建设的；（二）未按照批准内容进行临时建设的；（三）临时建筑物、构筑物超过批准期限不拆除的。”因此，管委会住房和城乡建设局只能对违法建筑实施拆除，本案当中原告房屋属于合法唯一住所，被告管委会住房和城乡建设局无权直接拆除。

《土地管理法实施条例》（2014）第 45 条规定：“违反土地管理法律、法规规定，阻挠国家建设征收土地的，由县级以上人民政府土地行政主管部门责令交出土地；拒不交出土地的，申请人民法院强制执行。”① 本案原告土地的性质属于集体建设用地，本案实质上是征收行为，但原告不存在阻挠国家建设征收土地的行为，土地行政主管部门也未作出责令原告交出土地的决定。二被告均非《土地管理法》（2004）第 46 条规定的法定组织实施征收程序的主体，因此二被告无直接实施拆除原告房屋的职权。

① 2021 年修订后，参见第 62 条：“违反土地管理法律、法规规定，阻挠国家建设征收土地的，由县级以上地方人民政府责令交出土地；拒不交出土地的，依法申请人民法院强制执行。”

（三）被告违反了“先安置，后拆迁”的基本原则，依法应当确认违法。被告所确定的补偿标准尚不足重置价格，所得补偿无法保障原告选购合理居住水平的房屋，补偿标准依法应当撤销。

首先，根据国务院办公厅《关于进一步严格征地拆迁管理工作切实维护群众合法权益的紧急通知》第2条的规定，征地涉及拆迁农民住房的，必须先安置后拆迁，妥善解决好被征地农户的居住问题，切实做到被征地拆迁农民原有生活水平不降低，长远生计有保障。被告在尚未对原告进行安置的情况下，强制拆除原告的房屋，违反法律规定，依法应当确认违法。

其次，据被告工作人员介绍，拆迁房屋每平方米补偿价格为700元左右，根据拆迁时的人工、物价，补偿价格达不到房屋的重置价格。原告房屋多为砖混、钢筋混凝土结构，有的还是二层的楼房。为了建房，原告花去了大半生积蓄。如果按照这样的标准进行补偿，将严重降低原告的生活水平，长远生计也将受到很大的影响。

最后，原告依靠所得补偿款也不能选购到合理居住水平的房屋。《国土资源部关于进一步做好征地管理工作的通知》[①]第3条第8项规定:"……采取货币或实物补偿的方式,由被拆迁农户自行选购房屋或政府提供的安置房。被拆迁农户所得的拆迁补偿以及政府补贴等补偿总和,应能保障其选购合理居住水平的房屋。"《山东省土地征收管理办法》第20条第2款规定:"因征收土地拆迁农村集体经济组织成员房屋,影响其居住的,应当保障其居住条件。"根据上述规定,应当为原告建设安置房,或者提高补偿标准,保障原告选购合理居住水平的房屋。现有补偿标准不足以保障原告居住条件,也无法让其选购合理居住水平的房屋。

最终法院依法采纳了代理律师的意见,确认辖区管委会住房和城乡建设局及街道办事处拆除李某等4户房屋违法。

三、案件总结

本案中,承办律师指导李某等人事先进行证据准备,并提前告知李某等人可能发生的强制拆除,在管委会住房和城

① 为贯彻实施新修的《土地管理法》,被清理废止。新修订的《土地管理法》第48条第4款规定:"征收农用地以外的其他土地、地上附着物和青苗等的补偿标准,由省、自治区、直辖市制定。对其中的农村村民住宅,应当按照先补偿后搬迁、居住条件有改善的原则,尊重农村村民意愿,采取重新安排宅基地建房、提供安置房或者货币补偿等方式给予公平、合理的补偿,并对因征收造成的搬迁、临时安置等费用予以补偿,保障农村村民居住的权利和合法的住房财产权益。"

乡建设局及街道办事处违法实施拆除之时，李某等人进行了证据固定，事后向法院起诉时也就有了充分的准备。无因之果是不可想象的，准备必须做足做够。

街道办拆除王某等人住房案

——江苏省徐州市铁路运输法院确认某区人民政府某街道办事处强制拆除房屋违法案

现实生活中，一些街道办事处无法定职权却在拆迁过程中充当了急先锋。对这些违法行为，法院应当依法维护老百姓的合法权益。

一、基本案情

江苏省徐州市某区王某等人因拆迁补偿纠纷与我所签订委托代理合同，后我所指派律师代理本案。接受委托之后，两位承办律师认真审阅了案件材料，通过调查取证，指导委托人收集了案件的关键证据，经团队集体研究，制订了总体办案方案。

2019 年 1 月，辖区街道办事处在未通知王某等人，且未对房屋经济价值进行评估、未达成补偿协议的情况下，将王某等人房屋拆除，给王某等人造成了巨大的经济损失。

二、律师办案

街道办事处本无法定职权，其强制拆除原告房屋的行为违反法律规定，王某等人在承办律师指导下依法诉至徐州市铁路运输法院，并同时提出行政赔偿请求。在起诉前代理律师积极指导王某等人收集、固定证据，起诉之后积极与法院沟通反映案件的事实，查阅被告答辩意见和提交的证据，制定诉讼策略，事先进行庭审模拟，研判诉讼过程中对方的观点，在庭审时发表如下意见。

（一）被告无拆除原告房屋的职权，其在无法律依据的情况下强行拆除原告房屋的具体行政行为依法应当确认违法。

原告房屋所占土地属于集体建设用地，根据《土地管理法》（2004）第46条第1款①的规定，国家征收土地的，依照法定程序批准后，由县级以上地方人民政府予以公告并组织实施。同时，根据《土地管理法实施条例》（2014）第25条第1款②的规定，征用土地方案经依法批准后，由

① 《土地管理法》2019年修订后，现为第47条第1款。

② 《土地管理法实施条例》2021年修订后，现为第31条。进一步规定了征收土地公告的时间应在“自收到批准文件之日起十五个工作日内”，发布范围应包括“村民小组”等内容。

被征用土地所在地的市、县人民政府组织实施。因此，只有区、县政府才有组织实施征地的法定职权。根据《地方各级人民代表大会和地方各级人民政府组织法》第68条的规定，市辖区、不设区的市人民政府，经上一级人民政府批准，可以设立若干街道办事处，作为它的派出机关。因此，被告作为市辖区的派出机关，无实施强拆的法定职权，被告在没有任何法律依据的情况下拆除原告房屋，依法应当确认违法。

（二）被告违反了“先安置，后拆迁”的基本原则，依法应当确认违法。

根据《国务院办公厅关于进一步严格征地拆迁管理工作切实维护群众合法权益的紧急通知》第2条规定，征地涉及拆迁农民住房的，必须先安置后拆迁，妥善解决好被征地农户的居住问题，切实做到被征地拆迁农民原有生活水平不降低，长远生计有保障。在原告尚未安置的情况下，被告强制拆除原告的房屋，违反法律规定，依法应当确认违法。

（三）被告违法拆迁，给原告造成了经济损失，依法应当承担赔偿责任。

被告强制拆除原告房屋，给原告造成了巨大的经济损失，导致原告现在生活十分困难。《国家赔偿法》第4条规定：“行政机关及其工作人员在行使行政职权时有下列侵犯财产权情形之一的，受害人有取得赔偿的权利：……（四）造成财产损害的其他违法行为。”第36条规定：“侵犯公民、法人和其他组织的财产权造成损害的，按照下列规定处理：……（八）对财产权造成其他损害的，按照直接损失给予赔偿。”根据上述规定，依法应当判令被告对原告损失进行赔偿。

（四）关于赔偿损失金额的举证责任问题，以及如何确定原告的损失金额。

关于赔偿金额举证责任的问题，由于被告在未清点物品，没有达成补偿协议、未充分保证原告陈述申辩权利的情况下强制拆除原告的房屋，现在房屋已经毁灭，根据《最高人民法院关于适用〈中华人民共和国行政诉讼法〉的解释》第47条第1款的规定，在行政赔偿、补偿案件中，因被告的原因导致原告无法就损害情况举证的，应当由被告就该损害情况承担举证责任。本案中，被告应该就损害情况承担举证责任。

另外，本案中原告提供了《徐商公路北桃花源片区改造项目房屋征收安置补偿方案》，其中有具体的补偿标准。根据《徐商公路北侧（桃花源片区）改造项目土地及房屋调查结果公示表》可以知道原告房屋的面积结构。所谓合法与否，被告完全按照是否有“二调”作为判据，但被告根本没有任何法律依据，也没有证据证明“二调”是全面、准确的。原告村没有发放过宅基地使用权证、房屋所有权证，实际就是以有无“二调”记录作为衡量合法与否的标准。但凡有“二调”登记的，就按照每平方米4508元或4736元的标准进行补偿，没有的则按照每平方米640元的标准进行补偿。但“二调”并不准确：

第一，原告和那些有“二调”记录的人情况是一样的，但是无“二调”记录。

第二，有的人是在耕地上建的房屋，却有“二调”记录，这违反了《土地管理法》的规定。

第三，原告的房子是2008年建造的（有徐州市不动产登记局盖章的影像图为证），比其他人“二调”记录的时间还早，但是原告没有“二调”记录。

第四，原告和左邻右舍房屋结构都是一样的，但是邻居们都有“二调”记录，唯独把原告剔除在外。

第五，更让原告费解的是，有些没有“二调”记录，也没有房屋土地权利证书的人，只要工作人员认证某村为无证村，就可以按照每平方米 4508 元或 4736 元的标准进行补偿。这种厚此薄彼的补偿标准，原告无论如何不能接受。

原告房屋位于城中村，该区域已经被纳入城市规划区。《最高人民法院关于审理涉及农村集体土地行政案件若干问题的规定》（法释〔2011〕20 号）第 12 条第 2 款规定：“征收农村集体土地时未就被征收土地上的房屋及其他不动产进行安置补偿，补偿安置时房屋所在地已纳入城市规划区，土地权利人请求参照执行国有土地上房屋征收补偿标准的，人民法院一般应予支持，但应当扣除已经取得的土地补偿费。”《国有土地上房屋征收与补偿条例》第 17 条规定：“作出房屋征收决定的市、县级人民政府对被征收人给予的补偿包括：（一）被征收房屋价值的补偿；（二）因征收房屋造成的搬迁、临时安置的补偿；（三）因征收房屋造成的停产停业损失的补偿。市、县级人民政府应当制定补助和奖励办法，对被征收人给予补助和奖励。”第 19 条第 1 款规定：“对被征收房屋价值的补偿，不得低于房屋征收决定公告之日被征收房屋类似房地产的市场价格。被征收房屋的价值，由具有相应资质的房地产价格评估机构按照房屋征收评估办法评估确定。”根据上述规定，被告必须按照法定标准，依法、足额对原告所属房屋、附着物进行补偿，支付搬迁、安置等费用。

原告的房屋多为砖混、钢筋混凝土结构，大多是二层的楼房。目前给予原告的补偿标准为640元每平方米，根据现在的人工、物价，尚不足以重置价格。这些房屋是靠原告种地、打工或做点小生意积攒半生才建造起来的。13户村民中大多数处于上有老人需要赡养，下有子女需要养育的处境，面临着很大的生存压力。周边房地产市场价格是每平方米七八千元，甚至1万多元，如果按照每平方米640元的标准进行补偿，原告无法购买房屋，将严重降低其生活水平，其长远生计也将受到根本性的影响。

根据《国务院办公厅关于进一步严格征地拆迁管理工作切实维护群众合法权益的紧急通知》第2条“征地涉及拆迁农民住房的，必须先安置后拆迁，妥善解决好被征地农户的居住问题，切实做到被征地拆迁农民原有生活水平不降低，长远生计有保障”及《国土资源部关于进一步做好征地管理工作的通知》

第3条第8项[①]“在城乡结合部和城中村，原则上不再单独安排宅基地建房，主要采取货币或实物补偿的方式，由被拆迁农户自行选购房屋或政府提供的安置房。被拆迁农户所得的拆迁补偿以及政府补贴等补偿总和，应能保障其选购合理居住水平的房屋”的规定，应当妥善解决好原告的居住问题，切实做到被征地拆迁农民原有生活水平不降低，长远生计有保障。

《最高人民法院关于适用〈中华人民共和国行政诉讼法〉的解释》第47条第3款规定：“当事人的损失因客观原因无法鉴定的，人民法院应当结合当事人的主张和在案证据，遵循法官职业道德，运用逻辑推理和生活经验、生活常识等，酌情确定赔偿数额。”律师据此规定，恳请法院能够依法调查案件事实，支持原告的诉求。

最终，二审法院支持了原告的诉求，依法确认街道办事处强制拆除原告房屋的行为违法，并判决对室内损坏的物品依法予以赔偿。

---

① 为贯彻实施新修的《土地管理法》，被清理废止。新修订的《土地管理法》第48条第4款规定：“征收农用地以外的其他土地、地上附着物和青苗等的补偿标准，由省、自治区、直辖市制定。对其中的农村村民住宅，应当按照先补偿后搬迁、居住条件有改善的原则，尊重农村村民意愿，采取重新安排宅基地建房、提供安置房或者货币补偿等方式给予公平、合理的补偿，并对因征收造成的搬迁、临时安置等费用予以补偿，保障农村村民居住的权利和合法的住房财产权益。”

三、案件总结

本案中，承办律师深入了解案件事实，认真查阅案件材料，事先指导王某等人准备证据，并提前告知王某等人可能发生的强制拆除，在街道办事处实施拆除时通过录像、报警固定了证据，遂事后向法院起诉时才能最终获得五个案例均获胜诉的结果。

首先，一审法院虽然确认街道办强制拆除违法，却未判令其依法承担赔偿责任，而是让原告向征收机关申请补偿。《国家赔偿法》第7条第1款规定："行政机关及其工作人员行使行政职权侵犯公民、法人和其他组织的合法权益造成损害的，该行政机关为赔偿义务机关。"本案中，街道办事处依法为法定赔偿义务机关。《行政诉讼法》第76条规定："人民法院判决确认违法或者无效的，可以同时判决责令被告采取补救措施；给原告造成损失的，依法判决被告承担赔偿责任。"据此规定，依法判决街道办事处承担赔偿责任。

其次，承办律师认为应按有利于上诉人的原则进行赔偿。参照（2017）最高法行再101号行政判决书的裁判观点，因本案系违法拆除房屋引起的赔偿纠纷，对王某等人房屋损失的赔偿，不应再依据《国有土地上征收与补偿条例》第19条所规定的《房屋征收决定》公告之日被征收房屋类似房地产的市场价格为基准确定，而应按照有利于保障上诉人房屋产权得到充分赔偿的原则，以生效行政判决作出之日的市场价格为基准确定赔偿时点。同时，根据《国家赔偿法》第36条第8项有关对财产权造成其他损害的，按照直接损失给予赔偿的规定，上诉人在正常征收补偿程序中依据法律和当地征收补偿政策应当得到的利益损失，属于其所受到的直接损失，也应由街道办事处参照补偿方案依法予以赔偿。因此，本案存在行政赔偿项目、标准与行政补偿项目、标准相互融合的情形，完全按照《征收补偿方案》进行赔偿，或通过征收补偿程序获得救济，并据此驳回上诉人的行政赔偿请求，均属对《国家赔偿法》《国有土地上征收与补偿条例》等相关规定的错误理解。

最后，选择何种途径维护自身合法权益是王某等人的权利，一审法院让上诉人通过征收补偿程序向案外人主张补偿于法无据，且会导致王某依法本可以在本案中直接得到救济的权益受到延误，增加不确定性，不仅有损王某等人合法权益，也浪费司法资源。

区政府拆除油脂公司厂房案

——河南省周口市人民法院确认某区政府强制拆除厂房违法案

对于合法建筑，行政机关只能申请法院强制执行，无权直接强制拆除。对于违法建筑则应根据具体违反的法律条文分别由国土或规划部门（城镇）、乡镇人民政府（乡村）按照法定程序实施拆除。本案中，某区人民政府直接将某油脂公司厂房拆除，损毁设备，属于违法行为。

一、基本案情

前文介绍过河南省周口市某油脂公司撤销市规划局作出限期拆除决定一案，某区政府为实施棚户区改造二期工程，将某油脂公司列入拆迁范围。该油脂公司厂房建筑面积约两万多平方米，为砖混结构。2019 年 3 月 1 日至 8 月 7 日，某区政府在无征地批文、无建设用地和工程规划许可证、未通知公司、双方未达成补偿协议的情况下，将该公司厂房、员工宿舍及附属设施拆除，至起诉之时仅剩余400平方米，已经无法使用，给该油脂公司造成了很大的经济损失。该油脂公司不服，依法诉至周口市中级人民法院。

二、律师办案

本案由我所两位律师代理。在诉前，代理律师积极指导某油脂公司收集固定证据，起诉之后积极与法院沟通反映案件的事实，查阅被告答辩意见和提交的证据，制定具体的诉讼策略和质证、代理意见，庭审之时着重就如下几个方面发表了代理意见。

（一）被告无任何证据证明原告房屋及附属设施属于违法建筑，原告拥有的房屋及附属设施属于合法建筑，依法应当受到法律保护。

《物权法》第30条①规定:“因合法建造、拆除房屋等事实行为设立或者消灭物权的，自事实行为成就时发生效力。”《国有土地上房屋征收与补偿条例》第24条第2款规定:“市、县级

① 《民法典》颁布实施后，现为《民法典》物权编第231条。

人民政府作出房屋征收决定前，应当组织有关部门依法对征收范围内未经登记的建筑进行调查、认定和处理。对认定为合法建筑和未超过批准期限的临时建筑的，应当给予补偿；对认定为违法建筑和超过批准期限的临时建筑的，不予补偿。”根据上述规定，原告系房屋及附属设施等地上附作物的所有权人。

《物权法》第4条[①]规定：“国家、集体、私人的物权和其他权利人的物权受法律保护，任何单位和个人不得侵犯。”据此，原告厂房及附属设施依法应当受到法律保护。

（二）被告无权直接实施征收行为，未按照法定条件和程序向人民法院申请强制执行，依法应当确认为违法。

《土地管理法实施条例》[②]（2014）第45条规定：“违反土地管理法律、法规规定，阻挠国家建设征收土地的，由县级以上人民政府土地行政主管部门责令交出土地；拒不交出土地的，申请人民法院强制执行。”本案中原告土地的性质属于集体建设用地，本案实质上是征收行为。原告不存在阻挠国家建设征收土地的行为，土地行政主管部门也未作出责令原告交出土地的决定，因此被告未按照法定条件和程序向人民法院申请强制

① 《民法典》颁布实施后，现为《民法典》物权编第207条。
② 已被修订。

执行，而是直接实施拆除行为，依法应当确认为违法。

（三）被告违反了“先安置，后拆迁”的基本原则，依法应当确认违法。被告所确定的补偿标准尚不足以实现重置房屋，被告应根据法律规定补偿原告应得各项补偿。

首先，根据《国务院办公厅关于进一步严格征地拆迁管理工作切实维护群众合法权益的紧急通知》第2条“征地涉及拆迁农民住房的，必须先安置后拆迁，妥善解决好被征地农户的居住问题，切实做到被征地拆迁农民原有生活水平不降低，长远生计有保障”的规定，依法应当先安置后拆迁，被告在尚未对原告进行安置的情况下，强制拆除原告的房屋及附属设施，违反法律规定，依法应当确认违法。

其次，据被告工作人员介绍，拆迁房屋每平方米补偿价格为300元到700元不等，根据现在的人工、物价，补偿价格达不到房屋的重置价格。原告房屋多为砖混、钢筋混凝土结构，共计2万多平方米。为了建房，原告股东多方筹集资金，如果按照每平方米300元到700元的标准进行补偿，将降低原告的生活水平，其长远生计也将受到影响。

涉案土地于2007年作出征收批复。《最高人民法院关于审理涉及农村集体土地行政案件若干问题的规定》(法释〔2011〕20号)第12条第2款规定:“征收农村集体土地时未就被征收土地上的房屋及其他不动产进行安置补偿,补偿安置时房屋所在地已纳入城市规划区,土地权利人请求参照执行国有土地上房屋征收补偿标准的,人民法院一般应予支持,但应当扣除已经取得的土地补偿费。”《国有土地上房屋征收与补偿条例》第19条第1款规定:“对被征收房屋价值的补偿,不得低于房屋征收决定公告之日被征收房屋类似房地产的市场价格。被征收房屋的价值,由具有相应资质的房地产价格评估机构按照房屋征收评估办法评估确定。”根据上述规定,被告必须按照法定标准,依法、足额对原告所有房屋、附着物、停产停业损失进行补偿,支付搬迁、安置等费用。

(四)被告强制拆除,给原告造成了经济损失,依法应当承担赔偿责任。

被告强制拆除原告房屋,毁坏了大量家具、家电、机器设备,给原告造成了巨大的经济损失。《国务院关于深化改革严格土地管理的决定》(国发〔2004〕28号)第1条第5项规定:“严格依法查处违反土地管理法律法规的行为。当前要着重解决有法不依、执法不严、违反不究和滥用行政权力侵犯农民合法权益的问题……对非法批准征收、使用土地，给当事人造成损失的，还必须依法承担赔偿责任。”《国家赔偿法》第4条第3项规定：“行政机关及其工作人员在行使行政职权时有下列侵犯财产权情形之一的，受害人有取得赔偿的权利：……（三）违法征收、征用财产的……”第36条规定：“侵犯公民、法人和其他组织的财产权造成损害的，按照下列规定处理：（一）处罚款、罚金、追缴、没收财产或者违法征收、征用财产的，返还财产；……（四）应当返还的财产灭失的，给付相应的赔偿金；……”根据上述规定，依法应当判令被告对原告损失进行赔偿。

最终法院依法支持了原告的诉求，依法确认某区政府强制拆除油脂公司厂房的行为违法，并判决被告依法赔偿。

三、案件总结

本案中，由于律师在被告做出限期拆除决定之时已经介入，对于强制拆除早有准备。律师事先指导原告积极固定、收集了证据，为诉讼做好了充分准备。强制拆除后，依法提起诉讼，最终使原告的诉求得到了法院的支持，不仅确认被告行为违法，还判决被告全面依法赔偿。

街道办拆除广告公司厂房案

——安徽省阜阳市颍东区人民政府确认某街道办强制拆除厂房违法案

一、基本案情

安徽省阜阳市颍东区的张某开设了一家广告公司，经营印刷、制作灯箱等业务，2018年4月20日、5月16日，颍东区某街道办事处在无征地批文、未通知张某、未达成补偿协议，且张某尚有大量机器设备、原料、成品以及生活家电未搬出的情况下，将张某的房屋强制拆除，给张某造成了很大的经济损失。张某不服，依法来我所咨询，委托我所代为维权，我所指派两位律师办理此案。

二、律师办案

律师接受委托之后认真审阅了案件材料，通过调查取证，指导张某收集了案件的关键证据，经团队集体研究，制订了总体办案方案。前期准备工作就绪后，向颍东区人民政府申请行政复议，请求依法确认街道办未履行法定职责的具体行政行为违法，同时提出行政赔偿请求。行政复议案件一般以书面审理为主，但承办律师认为本案违法情节严重，依法提出听证申请，并获复议机关批准。在听证会上，承办律师陈述了如下事实和理由。

（一）申请人自建房屋经过居委会、某街道办事处审批，属于申请人合法财产，被申请人违反法定程序，在有权机关作出征地批复之前，强制拆除申请人房屋的行为，依法应当确认违法。

申请人自建房屋经过村民小组、村委会、新华街道办事处层层审批，于2012年竣工，属于村民自建房屋。《物权法》第30条[①]规定："因合法建造、拆除房屋等事实行为设立或者消灭物权的，自事实行为成就时发生效力。"据此规定，申请人的房屋属于申请人合法财产。被申请人认定申请人房屋在建与事实不符，根据《颍东区农业用地申请备案表》、某居委会出具的房屋权属《证明》显示，申请人的房屋最晚在2013

① 现为《民法典》物权编第231条。

年就已经竣工，并不存在在建的问题。被申请人认定申请人在建房屋属于违建，无事实基础和法律依据。

此外，被申请人不具有拆除违建的法定职责。根据《地方各级人民代表大会和地方各级人民政府组织法》第 68 条第 3 款规定：“市辖区、不设区的市人民政府，经上一级人民政府批准，可以设立若干街道办事处，作为它的派出机关。”《城乡规划法》第 65 条规定：“在乡、村庄规划区内未依法取得乡村建设规划许可证或者未按照乡村建设规划许可证的规定进行建设的，由乡、镇人民政府责令停止建设、限期改正；逾期不改正的，可以拆除。”根据上述规定，被申请人作为颍东区派出机关，不属于乡、镇人民政府，不能依照城乡规划法赋予乡镇的职权履行法定职责。被申请人在《违建通知单》中未适用具体法律法规，应视为作出的行政行为无依据。

《行政强制法》第 35 条规定：“行政机关作出强制执行决定前，应当事先催告当事人履行义务。催告应当以书面形式作出，并载明下列事项：（一）履行义务的期限；（二）履行义务的方式；（三）涉及金钱给付的，应当有明确的金额和给付方式；（四）当事人依法享有的陈述权和申辩权。”被申请人未保证申请人陈述申辩权利，违反了这一规定，应当确认违法。

《行政强制法》第44条规定："对违法的建筑物、构筑物、设施等需要强制拆除的，应当由行政机关予以公告，限期当事人自行拆除。当事人在法定期限内不申请行政复议或者提起行政诉讼，又不拆除的，行政机关可以依法强制拆除。"被申请人并未依法对限期拆除的通知进行公告，就直接对申请人房屋及附属设施进行强制拆除，剥夺了申请人法定救济权利。

申请人向阜阳市人民政府申请公开申请人房屋所在地征地批文，阜阳市人民政府告知不存在该征地信息。《土地管理法》(2004)第43条第1款[①]规定："任何单位和个人进行建设，需要使用土地的，必须依法申请使用国有土地……"《土地管理法实施条例》(2014)第25条第1款[②]："征收土地方案经依法批准后，由被征收土地所在地的市、县人民政府组织实施，并将批准征地机关、批准文号、征收土地的用途、范围、面积以及征地补偿标准、农业人员安置办法和办理征地补偿的期限等，在被征收土地所在地的乡（镇）、村予以公告。"根据上述规定，被申请人在有权机关未作出征地批复之时，就

① 《土地管理法》2019年修订后，现参见第44条、第45条。

② 《土地管理法实施条例》2021年修订后，现为第31条。进一步规定了征收土地公告的时间应在"自收到批准文件之日起十五个工作日内"，发布范围应包括"村民小组"等内容。

开工建设，拆除申请人房屋的行为，依法应当确认违法。

综上，被申请人强制拆除申请人房屋及附属设施的具体行政行为依法应当确认违法。

（二）被申请人拆除申请人房屋违反了“先安置，后拆迁”的基本原则，依法应当确认违法。被申请人所确定的补偿标准尚不足房屋重置价格，所得补偿无法保障申请人选购合理居住水平的房屋，补偿标准依法应当撤销。

根据《国务院办公厅关于进一步严格征地拆迁管理工作切实维护群众合法权益的紧急通知》第2条“征地涉及拆迁农民住房的，必须先安置后拆迁，妥善解决好被征地农户的居住问题，切实做到被征地拆迁农民原有生活水平不降低，长远生计有保障”的规定，应当先安置后拆迁，被申请人在尚未对申请人进行安置的情况下，强制拆除申请人的房屋，严重违反法律规定，依法应当确认违法。

被强拆的房屋每平方米补偿价格为550元左右，根据现在的人工成本及物价计算，达不到房屋的重置价格。申请人房屋为砖混二层楼房。为了建房，花去了申请人大半生积蓄，如果按照这样的标准进行补偿，申请人不能选购合理居住水平的房屋，将严重降低申请人的生活水平，其长远生计也将受到影响。根据《国土资源部关于进一步做好征地管理工作的通知》第3条第8项[①]“……主要采取货币或实物补偿的方式，由被拆迁农户自行选购房屋或政府提供的安置房。被拆迁农户所得的拆迁补偿以及政府补贴等补偿总和，应能保障其选购合理居住水平的房屋”的规定，应当为申请人建设安置房，或者提高补偿标准，保障申请人选购合理居住水平的房屋。

（三）被申请人违法强制拆除，还给申请人造成了除房屋外的经济损失，依法应当承担赔偿责任。

被申请人强制拆除申请人房屋之时，申请人尚有激光焊字机等机器设备、大量的原料和成品等生产资料以及大量的家电、用具等生活用品尚未搬出，被申请人的拆除行为给申请人造成了巨大的经济损失，初步估计为2057845元。根据《国务院关于深化改革严格土地管理的决定》（国发〔2004〕

① 为贯彻实施新修的《土地管理法》，被清理废止。新修订的《土地管理法》第48条第4款规定：“征收农用地以外的其他土地、地上附着物和青苗等的补偿标准，由省、自治区、直辖市制定。对其中的农村村民住宅，应当按照先补偿后搬迁、居住条件有改善的原则，尊重农村村民意愿，采取重新安排宅基地建房、提供安置房或者货币补偿等方式给予公平、合理的补偿，并对因征收造成的搬迁、临时安置等费用予以补偿，保障农村村民居住的权利和合法的住房财产权益。”

28号）第1条第5项“严格依法查处违反土地管理法律法规的行为。当前要着重解决有法不依、执法不严、违法不究和滥用行政权力侵犯农民合法权益的问题……对非法批准征收、使用土地，给当事人造成损失的，还必须依法承担赔偿责任”及《国家赔偿法》第4条、第36条等规定，依法应当责令被申请人对申请人损失进行赔偿。

复议决定支持了原告的确认违法的请求，但赔偿请求未获支持。后张某依法诉至阜阳市中级人民法院，阜阳市中级人民法院依法撤销了复议决定并判令复议机关在法定期限内重新作出行政复议决定。之后在复议期间，代理律师积极与复议机关沟通，最终张某与某街道办事处达成了赔偿和解协议。

三、案件总结

超越法定职权属于较为严重的违法情节，本案中某街道办事处的违法行为给张某造成了巨大的经济损失。代理律师代理过程中，凭借多年的办案经验，积极引导张某依法有序维权，抓住了案件的核心违法点，坚持“有理、有利、有节”的原则，在提起法律程序过程中积极与复议机关沟通，最终促使双方达成了和解协议，有效缩短了办案周期，使委托人的合法权益得到了有效维护。

本案最初方案是直接提起行政诉讼，但正赶上法院立案负责人员出差，为了尽快立案，选了复议程序。提起复议之前就复议受理事宜与复议机关工作人员进行了沟通，因为沟通比较顺畅，故依法提出复议。虽然在复议期间赔偿请求未获得支持，但最终促使双方达成了和解协议。有很多事情并不能就眼前的结果下最后的结论，作为代理律师，不仅要有过硬的专业素养，更重要的是有“受人之托，忠人之事”的诚信。在办理案件过程中，不放过任何一个可能的机会，哪怕只有百分之一的可能，也要尽百分之百的努力，这也是本案代理律师长期以来办案的工作态度和理念。

六、行政赔偿案

行政赔偿金额是如何依法提升的？

——河北省承德市梅某与某区人民政府行政赔偿诉讼纠纷案

前文曾介绍了河北省承德市某区梅某种植的油松被某区政府铲除，经我团队律师代理后，终被法院确认违法一案。本文接着讲解确认违法后的行政赔偿程序。

律师根据法院确认区政府铲树行为违法的生效判决，依法申请行政赔偿。某区政府作出赔偿决定，按照原物价局价格认证中心作出的林木果树评估表的结论，赔偿金额为101万余元。若如此，梅某的合法权益得不到有效维护。因此，必须提起行政赔偿之诉。

一、行政赔偿给付依据之争

在行政赔偿诉讼中，承办律师强调如下几点意见，最终得到法院支持，重新委托评估公司作出了评估报告。

（一）原告委托评估公司进行评估有法律依据，且经承德市某区张承高速公路征地拆迁办公室同意，所作评估报告客观公正、合法有效，应当作为确定被告赔偿数额的依据。

原告委托评估公司已经获得拆迁办同意。2015 年 4 月 25 日，拆迁办同意梅某自行委托有资质的评估公司进行重新评估，作出了《关于梅某油松补偿事项的答复》，并规定了评估的参数、评估价格基准日，同时承诺评估费用由拆迁办支付。根据《张承高速公路承德段征地拆迁办法》第 24 条、《张承高速公路双滦段征地拆迁补偿安置办法》第 17 条的规定，原告作为被拆迁人，对于初次评估结果有异议可以自行委托有资质的评估公司。2015 年 4 月 29 日，北京某资产评估有限公司作出了《梅某拥有的位于承德市 ××× 的油松评估报告书》[评字（2015）B–034 号，以下简称《评估报告》]，确认原告油松市场价值为 183.267 万元。

（二）《评估报告》合法、有效、客观、公正，应当作为被告某区人民政府履行法定补偿职责，确定给付数额的依据。

在庭审中，经审判长、原告和被告向北京某资产评估有限公司工作人员发问，可以得知如下事实：（1）北京某资产评估有限公司具有评估油松价值的资质；（2）评估对象、大小和数量依据的是拆迁办、乡镇、村共同确认的《张承高速复核林木果蔬调查表》确定的（评估报告第1页、第4页）；（3）评估的基准日按照拆迁办《关于梅某油松补偿事项的答复》确定的2013年9月24日（评估报告封面、第1页、第4页、第5页、第11页）；（4）评估过程合法，评估结论客观公正（评估报告第5页、注册资产评估师承诺函）。（5）评估适用的市场比较方法，选择评估基准日同等交易条件下的油松价格，在充分考虑交通、运输成本、人工成本、成熟程度、政府因素的情况下判定油松价值，因此选用不同的评估规范，不会对评估结果构成影响。

后因评估公司错误引用评估规范，该报告有效期届满，由法院重新委托资产评估公司对梅某的油松价值进行评估，最终确定价值为170.453万元，梅某委托北京某资产评估有限公司评估的费用为1.83万元由被告承担。

二、案件总结

对于个人而言，依法维护自身合法权益是法律赋予每一个公民的权利，我们不能囿于传统观念，认为打官司就是与政府作对。如果遇到个别不依法办事的工作人员败坏政府的形象时，我们可在律师的帮助下，依法维护自身合法权益。

对于社会而言，全面依法治国是中国共产党领导人民治理国家的基本方略，也是社会文明进步的显著标志。培养人们的法治观念，形成用法律维护自身合法权益的社会风气，是全面依法治国的应有之意。

七、确认不履行法定职责案

征地补偿协调申请究竟该由谁受理?

——四川省政府确认某州政府不履行法定职责违法案

征地补偿协调制度依据分别有《土地管理法实施条例》第25条第3款[①]:"……对补偿标准有争议的,由县级以上地方人民政府协调;协调不成的,由批准征收土地的人民政府裁决。征地补偿、安置争议不影响征收土地方案的实施。"《国务院关于深化改革严格土地管理的决定》(国发〔2004〕28号)第3条第14项:"……要加快建立和完善征地补偿安置争议的协调和裁决机制,维护被征地农民和用地者的合法权益……"尤其是《国土资源部关于加快推进征地补偿安置争议协调裁决制度的通知》[②](国土资发〔2006〕133号)对征地补偿协调制度进行了非常完整明确的规定。但在实践中,各地对于征地补偿协调制度的认识并不一致,而在《国务院

① 《土地管理法实施条例》2021年修订后,第25条第3款规定的征地补偿"协调"与"裁决"的规定已被删除。

② 根据自然资源部开展的规范性文件集中清理,2019年已废止。《土地管理法实施条例》修订后也不再规定征地补偿协调制度。实践中,将主要适用行政复议。

法制办公室关于依法做好征地补偿安置争议行政复议工作的通知》（国法〔2011〕35号）出台之后，某些地方更是以此来逃避协调的职责。

一、基本案情

前文介绍了王某的青花椒征地补偿协调一案，承办律师代理王某提出征地补偿协调申请时就遇到了阻碍，州政府超过法定期限未作出处理决定，王某遂依法向四川省人民政府提出行政复议。

二、律师办案

向省政府提出行政复议申请时，承办律师主要从两个方面陈述王某复议请求依法应当得到支持。

（一）州政府负有征地协调职责，依法应当受理协调申请，作出协调决定。

王某对市人民政府经凉山彝族自治州政府批准作出的安置方案有异议，附着物补偿不足实际价值，不能保证自己生活水平不降低，根据《土地管理法实施条例》（2014）第25

条第3款[①]“对补偿标准有争议的，由县级以上地方人民政府协调”及《国土资源部关于加快推进征地补偿安置争议协调裁决制度的通知》（国土资发〔2006〕133号）第2条第3项“当事人应当先向拟定征地补偿安置方案的市、县人民政府的上一级人民政府申请协调。未经协调的案件，不能进行裁决”的规定，作为市政府的上级部门，州政府依法是征地补偿协调的受理机关，具有法定协调职责。

（二）州政府自收到王某协调申请后超过法定期限未作出协调意见书，依法应确认违法。

王某于2016年7月13日向州政府提出征地补偿协调申请，州政府于7月14日签收。《国土资源部关于加快推进征地补偿安置争议协调裁决制度的通知》（国土资发〔2006〕133号）第2条第3项规定：“……协调和裁决都必须要有明确的时限要求，防止裁决案件久拖不决；协调和裁决的程序、过程和结果都要公开透明。”《行政复议法实施条例》第16条第1款规定：“公民、法人或者其他组织依照行政复议法第六

① 《土地管理法实施条例》2021年修订后，第25条第3款“关于征地补偿协调裁决”的规定被删除。

条第（八）项、第（九）项、第（十）项的规定申请行政机关履行法定职责，行政机关未履行的，行政复议申请期限依照下列规定计算：……（二）没有履行期限规定的，自行政机关收到申请满60日起计算。”根据上述规定，州政府超过法定期限未作出协调意见书，依法应当确认违法。

在案件处理过程中，承办律师将王某的家庭情况撰写了书面材料，与案件承办人进行积极有效的沟通，最终确认州政府未在60天内履责的行为违法，后州政府在该案作出复议决定之前召开了协调会，王某的合法权益得到了有效的维护。

三、案件总结

本案事实清楚，法律关系简单，然而值得深思的是，为什么这样一个在实践中被证明行之有效的制度却难以推行？究其根本原因，还是在于补偿标准的高低实为行政法律关系主体之间矛盾的体现。《国务院法制办公室关于依法做好征地补偿安置争议行政复议工作的通知》（国法〔2011〕35号）（以下简称《通知》）出台之后，一些地方政府找借口不再受理协调，使得实际救济的渠道受到阻碍。

从内容上来看，上述《通知》与《土地管理法实施条例》在实践中衔接还不够好。《通知》中规定："被征地集体经济组织和农民对有关市、县人民政府批准的征地补偿、安置方案不服要求裁决的，应当依照行政复议法律、法规的规定向上一级地方人民政府提出申请。"此处的"裁决"与《土地管理法实施条例》所规定的"裁决"是否是同一个意思？如果是，可以不经协调，而直接裁决吗？如果不是，裁决是一个独立的法律程序吗？

根据《通知》的上下文语境、名称、实务经验推断，此处所谓"提出申请"后面应该是跟行政复议，但根据《土地管理法实施条例》第25条第3款[①]"市、县人民政府土地行政主管部门根据经批准的征收土地方案，会同有关部门拟订征地补偿、安置方案，在被征收土地所在地的乡（镇）、村予以公告，听取被征收土地的农村集体经济组织和农民的意见"的规定，征地补偿安置方案是根据省政府或国务院批准的征收土地方案所拟定的，具体征地补偿标准是根据省政府的征地区片地价制定的，因此征地补偿安置方案并未创设新的权利义务，根据《行政复议法》第1条、第2条及第6条等规定，

① 《土地管理法实施条例》2021年修订后，参见第31条、第32条。

行政复议的受理范围，应当是行政机关作出的影响公民、法人及其他组织的权利义务的行政行为，征地补偿安置方案对被征地人实体权利、义务不产生实际的影响，不属于《行政复议法》第 6 条规定可以申请提起行政复议的范围。

如果按照通知受理复议申请，也会造成管理体制和复议制度不相容的问题。例如，某县级政府批准了征地补偿安置方案，根据该通知规定，被征地农民不服应当向上级政府提出复议，可市政府也很难直接修改省政府制定的征地区片价格。如果给申请人提高了补偿标准，大家就会问何以给此人提高补偿呢？而如果不给提高，那么这一行政复议的设置又好像没有很好地发挥作用。

在实践当中，被征地农民往往因提出协调错过了提出复议的法定时限，这往往给一些地方政府规避法定职责提供“合法”的借口，在提出复议时以超期为由不予以受理。从而，使得部分案件的解决出现了一些困难。

某国土资源局未履行查处职责被确认违法

——安徽省国土资源厅确认黄山市某区国土资源分局不履行法定职责违法案

法律面前人人平等是法治精神的基本内涵。“诚有功，则虽疏贱必赏；诚有过，则虽近爱必诛。”

一、基本案情

安徽省黄山市某区某镇村民郑某等 8 人，就黄山市某区某居委员会涉嫌违法买卖土地的行为向黄山市某区国土资源分局提出查处的申请，但黄山市某区国土资源分局超过法定期限并未依法履责。郑某等人不服，依法委托我所代为维权，我所指派两位律师办理此案。

二、律师办案

承办律师接受委托之后认真审阅了案件材料，通过调查取证，指导郑某等人收集了案件的关键证据，经团队集体研究，制订了总体办案方案。前期准备工作就绪，遂向安徽省国土资源厅申请行政复议，请求依法确认被申请人未履行法定职责的具体行政行为违法，并责令被申请人限期履行法定职责。因行政复议案件一般以书面审理为主，但本案涉及人数较多，案情复杂，承办律师根据本案实际情况，依法向安徽省国土资源厅提出听证申请，并专门到安徽省国土资源厅调查取证，当面陈述案情。经承办律师努力，最终争取到了安徽省国土资源厅案件承办人员到案件现场调查，举行听证的机会。在听证会上，承办律师陈述了如下事实和理由。

（一）被申请人负有对违反土地管理法律、法规的行为进行监督检查的法定职责。

《土地管理法》第 66 条第 1 款[①]规定："县级以上人民政府土地行政主管部门对违反土地管理法律、法规的行为进行监督检查。"《土地违法案件查处办法》第 5 条[②]规定："土地

① 《土地管理法》2019 年修订后，现为第 67 条第 1 款。

② 现依据 2020 年修正的《自然资源行政处罚办法》。第 5 条"自然资源违法案件由土地、矿产资源所在地的县级自然资源主管部门管辖，但法律法规以及本办法另有规定的除外"。

违法案件由土地所在地土地管理部门管辖。”根据上述规定，黄山市国土资源局某区分局负有对违反土地管理法律、法规的行为进行监督检查的法定职责。

（二）申请人所申请查处的事项确系违反了土地管理法律、法规，依法应当查处之情形。

本案中，黄山市某区某居委会将本属于集体经济组织的土地，以拍卖的方式出售给非本集体经济组织成员以外的人，违反了《宪法》第 10 条第 4 款“任何组织或者个人不得侵占、买卖或者以其他形式非法转让土地。土地的使用权可以依照法律的规定转让”,《民法通则》第 80 条第 3 款[①]“土地不得买卖、出租、抵押或者以其他形式非法转让”及《土地管理法》第 2 条第 3 款“任何单位和个人不得侵占、买卖或者以其他形式非法转让土地”等规定。根据《查处土地违法行为立案标准》第 1 条第 6 项的规定，违反《土地管理法》《城市房地产法》等土地管理法律、法规和规章的规定，买卖或者以其他形式非法转让土地的，依法应当给予行政处罚或行政处分的，应及时予以立案。

① 《民法典》颁布后，未再规定此条内容。

（三）对于黄山市某区国土资源分局未履行法定职责的具体行政行为依法应当确认违法。

《土地管理法》（2004）第6条规定：“任何单位和个人都有遵守土地管理法律、法规的义务，并有权对违反土地管理法律、法规的行为提出检举和控告。”郑某等人有权对于违反土地管理法律、法规的行为提出检举和控告。郑某于2017年1月20日向被申请人递交了《要求对居民委员会进行行政处罚申请书》，三个多月后黄山市国土资源局某区分局仍未依法对某居民委员会涉嫌违法买卖土地的行为进行查处。根据《行政复议法实施条例》第16条第2项规定，行政机关履行职责没有期限规定的，行政复议申请期限自行政机关收到申请满60日起计算。本案中，被申请人在法定期限内未履行法定职责。《行政复议法实施条例》第45条规定：“具体行政行为有行政复议法第二十八条第一款第（三）项规定情形之一的，行政复议机关应当决定撤销、变更该具体行政行为或者确认该具体行政行为违法；决定撤销该具体行政行为或者确认该具体行政行为违法的，可以责令被申请人在一定期限内重新作出具体行政行为。”据此，依法应当确认黄山市某区国土资源分局未履行法定职责的具体行政行为违法，并责令其限期履行法定职责。

由于法律文书撰写内容充分，证据收集到位，加上听证过程中申请人律师的详细陈述和村民的补充，最终安徽省国土资源厅依法确认黄山市某区国土资源分局未完全履行职责的行为违法，并要求黄山市某区国土资源分局自收到复议决定之后 60 天内继续履行职责。

三、案件总结

首先，本案在委托律师之时尚未超过法定期限，这就为律师提起法律程序提供了条件，如果超期则无救济途径。其次，复议案件听证审理是非常少有的，主要是因为受理案件数量巨大，没有足够的时间。由于代理律师能够积极争取并撰写申请，加之良好的沟通，使本案能够得以听证审理。最后，律师的负责精神和扎实的法律基础是本案申请人复议请求得到支持的关键因素，如果不能根据法律规定找到案件的关键点，深入实际收集证据，就无法确定申请查处事实，不能证明提出申请的具体时间，确认违法也就无从谈起。

某县不履行作出补偿决定的职责被确认违法

——山东省潍坊市中级人民法院判决某县限期履行法定职责案

一、基本案情

山东省潍坊市某县于某等人的房屋被列入征收范围，因认为征收程序违法，补偿标准不合理，于某等人依法委托我所代为维护权益，我所指派两位律师承办此案件。承办律师接受委托之后认真审阅了案件材料，通过调查取证，指导委托人收集了案件的关键证据，经团队集体研究，制订了总体办案方案。

本案中，于某等人的房屋有房屋所有权证、国有土地使用证，手续齐全，但于某等人未见到征收房屋决定及补偿安置方案。律师通过调查，获知依据的是制订于一年前的征收补偿安置方案但无征收决定，因此双方就补偿标准无法达成一致意见，故依法向某县人民政府申请作出补偿决定，然而收到申请后某县政府未依法作出补偿决定，故原告等人又依法诉至潍坊市中级人民法院。

二、律师办案

承办律师在诉前申请作出补偿决定之时便考虑到县政府有可能不会作出补偿决定，故在于某等人提交作出补偿决定申请之时就已经固定证据，起诉之后积极与法院沟通，反映案件的事实，查阅被告答辩意见和提交的证据，制定诉讼策略，事先进行庭审模拟，研判诉讼过程中对方的观点。在庭审时，发表如下意见。

（一）被告负有作出征收补偿决定的法定职责。

《国有土地上房屋征收与补偿条例》第4条第1款规定："市、县级人民政府负责本行政区域的房屋征收与补偿工作。"第26条第1款规定："房屋征收部门与被征收人在征收补偿方案确定的签约期限内达不成补偿协议，或者被征收房屋所有权人不明确的，由房屋征收部门报请作出房屋征收决定的市、县级人民政府依照本条例的规定，按照征收补偿方案作出补偿决定，并在房屋征收范围内予以公告。"因此，本案中被告负有作出补偿决定的法定职责。

（二）被告超过法定期限未依法作出补偿决定，依法应当确认违法，并判令被告在法定期限内做出补偿决定。

2019 年 12 月 17 日，原告依法向被告提出由被告作出补偿决定的申请，被告于 2019 年 12 月 20 日签收，但超过两个月依然未作出补偿决定。《行政诉讼法》第 47 条第 1 款规定："公民、法人或者其他组织申请行政机关履行保护其人身权、财产权等合法权益的法定职责，行政机关在接到申请之日起两个月内不履行的，公民、法人或者其他组织可以向人民法院提起诉讼……"据此，被告超过法定期限未履行法定职责依法应当确认违法。《行政诉讼法》第 72 条规定："人民法院经过审理，查明被告不履行法定职责的，判决被告在一定期限内履行。"据此，依法应当判令被告限期做出处理决定。

因本案事实清楚，证据确凿，经法院审理，依法判决被告于两个月内作出补偿决定。

三、案件总结

因国有土地上房屋征收补偿有《国有土地上房屋征收与

补偿条例》规定法定程序，类似本案这样的案例属于少数，作为被征收人，如果困守于一个一年前制订的征收补偿安置方案，则无法提起法律程序表达自己的诉求。在诉讼中，被告某县政府认为协议征收不需要作出征收决定，也不需要作出征收补偿决定，是于法无据也不符合事实的，因为没有法律赋予县政府协议征收的权力。如果确系买卖，则也依法应建立在自愿公平的基础上。

复议机关不受理行政复议申请怎么办?

——陕西省高级人民法院撤销某市政府不受理行政复议申请决定案

《行政复议法》的立法宗旨是为了防止和纠正违法的或者不当的具体行政行为，保护公民、法人和其他组织的合法权益，保障和监督行政机关依法行使职权。行政复议在实践当中与行政诉讼并行，作为行政相对人维护自身合法权益的渠道，具有重要意义。如复议机关不能依法受理应当受理的申请，不能依法纠正违法的行政行为，不仅影响行政复议的公信力，也会使行政复议失去存在的价值。

一、基本案情

陕西省某市某区的秦某因区政府实施甲北路延长项目，房屋面临征收，因补偿标准不合理，依法委托我所代为维权。我所律师接受委托之后认真审阅了案件材料，通过调查取证，指导委托人收集了案件的关键证据，经团队集体研究，制订了总体办案方案。其中一项程序便是对调查过程中所获悉的区人民政府办公室作出的《关于印发世行贷款陕西省小城镇基础设施建设项目某区项目实施方案的通知》（某陈政办发〔2014〕136号）（以下简称《项目实施方案》）提起复议。受理复议之后，某市人民政府以秦某不能提供涉案房屋权属证明，《项目实施方案》属于内部行为，不属于复议范围为由，作出《驳回行政复议申请决定书》（某府复驳字〔2018〕2号）（以下简称《驳回决定》）。后经一审、二审程序，终撤销《驳回决定》及一审法院判决。

二、律师办案

针对一审不利局面，秦某上诉至陕西省高级人民法院，因二审程序一般是书面审理，承办律师积极与法院承办法官沟通，反映案件事实，查阅被告答辩意见和提交的证据，促使二审开庭审理本案。庭审中，承办律师围绕《驳回决定》作出的两项理由发表如下代理意见。

（一）上诉人土地、房屋在《项目实施方案》范围内，上诉人与《项目实施方案》之间存在法律上的利害关系，被上诉人认定事实适用法律错误，《驳回决定》依法应当撤销。

首先，2018年7月30日，上诉人获悉某区人民政府办公室作出的《项目实施方案》，上诉人的房屋和享有使用权的国有土地位于《项目实施方案》范围内，因此与《项目实施方案》具有法律上的利害关系。

上诉人所提供的《关于某市茂某产品有限公司转让国有土地使用权的批复》（某陈地复字〔2007〕32号）及完税证明，显示："区政府同意茂某产品有限公司将位于某镇北门外2000平方米国有土地使用权分别转让给刘某甲（800平方米）、刘某乙（2177平方米）、杨某（170平方米）、秦某（853平方米）四人使用，土地用途为商业用地，土地使用权终止日期为2038年11月30日。"上诉人业已按照规定缴纳了契税。可以证实上诉人为涉案部分国有土地使用权人。

其次，与茂某产品有限公司签订《资产转让合同书》的主体不仅有某饲料经销部，而且包括上诉人本人，购买房产与土地使用权的费用也均由上诉人本人缴纳，是房屋所有权人。

最后，饲料经销部为个体工商户，注册登记经营者姓名为上诉人秦某。《民法总则》第 56 条第 1 款[①] 规定：“个体工商户的债务，个人经营的，以个人财产承担；家庭经营的，以家庭财产承担；无法区分的，以家庭财产承担。”《最高人民法院关于民事执行中变更、追加当事人若干问题的规定》（2016）第 13 条第 2 款[②] 规定：“个体工商户的字号为被执行人的，人民法院可以直接执行该字号经营者的财产。”根据上述规定可知，个体工商户与经营者之间可以混同。因此，被上诉人以上诉人不能提供权属证书为由作为驳回上诉人申请的理由无事实基础，于法无据，《驳回决定》依法应当撤销。

（二）《项目实施方案》是甲北路项目进行征收、补偿的依据，对上诉人权利义务构成严重影响，一审法院、被上诉人以所谓内部行为为由驳回上诉人的申请无事实基础和法律依据，《驳回决定》、一审判决依法应当撤销。

上诉人向某区人民政府要求提供甲北路拆迁项目房屋征收决定及房屋征收与安置补偿实施方案，某区人民政府办公室向上诉人提供了《项目实施方案》。《项目实施方案》首页

① 《民法典》颁布实施后，为《民法典》总则编第 56 条。
② 2020 年修正后本条未变动。

有某区人民政府盖章，并有“该件与原件一致，此件仅限于甲北路相关事宜，不得用于其他事宜，也不得传播”的说明。另，《项目实施方案》虽是传达给各镇政府、各街道办事处、区政府有关部门的，但是明确说明“《关于印发世行贷款陕西省小城镇基础设施建设项目某区项目实施方案的通知》已经政府第11次常务会议研究通过，现在予以印发，请结合实际认真组织实施”。可以证明《项目实施方案》并非一个内部文件，而是一个已对上诉人权益构成了严重影响的具体行政行为，依法属于复议范围。《行政复议法实施条例》第28条规定：“行政复议申请符合下列规定的，应当予以受理：（一）有明确的申请人和符合规定的被申请人；（二）申请人与具体行政行为有利害关系；（三）有具体的行政复议请求和理由；（四）在法定申请期限内提出；（五）属于行政复议法规定的行政复议范围；（六）属于收到行政复议申请的行政复议机构的职责范围；（七）其他行政复议机关尚未受理同一行政复议申请，人民法院尚未受理同一主体就同一事实提起的行政诉讼。”根据这一规定，上诉人复议申请完全符合上述行政复议受理条件。因此，被上诉人作出的《驳回决定》依法应当撤销，一审法院作出的维持复议决定的行政判决依法应当撤销。

最终陕西省高级人民法院采纳了承办律师的意见，依法撤销了某市人民政府的复议决定和某市中级人民法院作出的判决。

三、案件总结

法律的重要作用之一就是指引人们的行为，不仅约束个人，也约束政府机关。秦某享有的土地使用权、房屋所有权依法受到法律的保护，对于某区政府作出侵害自身合法的具体行政行为，秦某依法复议本身就是纠正违法行政行为的手段，维护自身合法权益的途径。复议机关如坚持“以事实为根据，以法律为准绳”，践行行政复议的立法宗旨，其所作出的复议决定也就不会经不起法院的依法审理。此案也提醒广大被征收人，若积极、依法地维护自身合法权益，相信“没有比人更高的山，没有比脚更长的路”。

行政复议的受理条件必须坚持法律规定

——辽宁省高级人民法院撤销某市人民政府不受理行政复议申请决定案

一、基本案情

辽宁省某市某县村民王某因征地补偿纠纷依法委托我所代理案件，我所指派两位律师承办此案。两位律师接受委托之后认真审阅了案件材料，通过调查取证，指导委托人收集了案件的关键证据，经团队集体研究，制订了总体办案方案。

王某因不服某市某县人民政府征收自己享有合法承包经营权的土地，依法向被告某市人民政府提起行政复议申请，后收到了被告作出的《不予受理行政复议申请决定书》（某政行复（不）决字〔2015〕6号）。王某认为，某市人民政府作出不予受理的具体行政行为违反法律规定，侵犯了自身合法权益，依法应当撤销。王某后诉至某市中级人民法院，某市中级人民法院维持了某市政府的复议决定，王某不服，依法上诉至辽宁省高级人民法院。

二、律师办案

因本案历经复议、一审，承办律师积极与法院沟通反映案件的事实，制定诉讼策略，事先进行庭审模拟，研判诉讼过程中对方的观点，在庭审时发表如下意见。

（一）上诉人诉某县国土资源局《责令交付土地行政决定书》一案与本案审查的客体并不同，一审法院也未审查清楚上诉人要求确认某县人民政府违法占地的理由，一审判决认定事实错误，依法应当撤销。

某县国土资源局曾依据《辽宁省人民政府关于某县2014年度第1批次建设用地的批复》（辽政地〔2014〕第1097号）针对上诉人作出过《责令交付土地行政决定书》，主要内容为要求上诉人交付宅基地。上诉人请求确认某县人民政府征地违法的行政复议申请主要针对的是其强制征收了上诉人享有合法土地承包经营权的耕地。某县人民政府征收上诉人土地依据的征地批复共有三个，分别为：辽宁省人民政府2011年

11月4日作出的《关于某县增减挂钩项目建新地块用地的批复》（辽政地挂字〔2011〕99号）、辽宁省人民政府2011年12月30日作出的《关于某县实施乡级规划批次用地的批复》（辽政地字〔2011〕2461号）、辽宁省人民政府2012年10月23日作出的《关于某县实施乡级规划批次用地的批复》（辽政地字〔2012〕1262号）。因此，上诉人不服某县国土资源局作出的《责令交付土地行政决定书》具体行政行为一案与上诉人请求确认某县人民政府违法强制征收上诉人享有合法土地承包经营权的耕地一案客体不同。一审法院以上诉人诉某县国土资源局《责令交付土地行政决定书》一案确定的事实作为得出本案判决的依据，属于认定事实错误，依法应当撤销。

超出范围征收仅仅是上诉人请求确认某县人民政府征收上诉人土地违法的理由之一，此外还有以下几点。

第一，某县人民政府据以征收上诉人土地的征地批复因超过法定期限已失效，且未重新报批；上诉人于2015年5月26日在某村村委会获悉，某县人民政府2015年4月13日据以强制征收上诉人享有合法土地承包经营权土地的征地批复距离其作出之日已超过两年。《土地管理法》（2004）第37条第1款[①]规定:“禁止任何单位和个人闲置、荒芜耕地。已经办理审批手续的非农业建设占用耕地，一年内不用而又可以耕种并收获的，应当由原耕种该幅耕地的集体或者个人恢复耕种，也可以由用地单位组织耕种；一年以上未动工建设的，应当按照省、自治区、直辖市的规定缴纳闲置费；连续二年未使用的，经原批准机关批准，由县级以上人民政府无偿收回用地单位的土地使用权；该幅土地原为农民集体所有的，应当交由原农村集体经济组织恢复耕种。”《国务院关于深化改革严格土地管理的决定》(国发〔2004〕28号)第4条第19项规定:“严禁闲置土地。农用地转用批准后，满两年未实施具体征地或用地行为的，批准文件自动失效……”《辽宁省人民政府关于深化改革严格土地管理的实施意见》(辽政发〔2005〕22号)第3条第13项规定:“加强建设用地批后的监督管理。农用地转用和土地征收批准文件有效期为两年……”根据上述规定以及某县人民政府依据的三个征地批复自身对于有效期限的规定可知，上述三个征地批复因超过法定有效时限，未实施具体征地行为均已失效。某县人民政府根据业已失效的征地批复征收上诉人土地，严重违反了《土地管理

① 《土地管理法》2019年修订后，现为第38条第1款。

法》（2004）第 43 条、第 44 条、第 45 条[①] 关于农用地转用、征地审批手续的相关规定，依法应当确认违法。

第二，上诉人土地属于基本农田，辽宁省人民政府无征收、转用审批权限。上诉人耕地早在 1995 年就被某县人民政府划为基本农田保护区。根据《土地管理法》（2004）第 45 条第 1 款第 1 项的规定，征收基本农田的，由国务院批准。根据《国务院关于深化改革严格土地管理的决定》（国发〔2004〕28 号）第 2 条第 11 项的规定，基本农田一经划定，任何单位和个人不得擅自占用，或者擅自改变用途，这是不可逾越的“红线”。符合法定条件，确需改变和占用基本农田的，必须报国务院批准。此外，根据《辽宁省人民政府关于深化改革严格土地管理的实施意见》（辽政发〔2005〕22 号）第 1 条第 1 项的规定，建设项目确需占用基本农田的，一律报国务院批准。因此，案涉三个征地批复涉及基本农田，依法应当确认无效。

第三，报批程序违反法律规定，欠缺征地报批的必备材料，侵害了上诉人的知情权、确认权、依法申请听证等权利。当地国土资源部门没有在征地报批前将拟征土地的用途、位

① 《土地管理法》2019 年修订后，现参第 44 条、第 45 条、第 46 条。

置、补偿标准、安置途径等内容告知上诉人，在制订征地方案时也未与被征地农民充分协商，征求被征地农民意见。该幅土地的报批材料中没有征地结果调查确认材料，也没有告知上诉人对拟征土地的补偿标准和安置途径有申请听证的权利。某县政府及县国土资源部门未在法定时限内发布征收土地方案公告和征地补偿安置方案公告，并未在被征用土地所在村组进行公告，违反了《国务院关于深化改革严格土地管理的决定》（国发〔2004〕28号）第3条第14项、《国土资源部关于完善征地补偿安置制度的指导意见》第3条第9项、第10项、第11项及《辽宁省人民政府关于深化改革严格土地管理的实施意见》（辽政发〔2005〕22号）第5条第23项、《辽宁省人民政府关于做好征地补偿安置工作切实维护农民合法权益的通知》（辽政发〔2004〕27号）第4条的规定，侵害了上诉人的知情权、确认权、依法申请听证等权利，依法应当确认无效。

第四，相关部门没有依法告知被征地农民社会保障对象、项目、标准以及费用筹集办法等情况，没有按规定履行征地报批前有关程序等。上诉人被征收土地面积已经超过原土地面积的50%，却未被纳入社会保障范围。根据《辽宁省被征地农民社会保障暂行办法》第3条、《某市被征地农民社会保障暂行办法》第3条的规定，上诉人依法应当被纳入社会保障范围之内。相关部门并没有将被征地农民社会保障对象、项目、标准以及费用筹集办法等情况告知上诉人及其他被征地农民，辽宁省人民政府批准征地违反了《国务院关于加强土地调控有关问题的通知》（国发〔2006〕31号）第2条、《关于切实做好被征地农民社会保障工作有关问题的通知》（劳社部发〔2007〕14号）第3条的规定，应当确认无效。

综上，一审法院未认真审查案件的基本事实，据此作出的判决依法应当撤销。

（二）上诉人提交的征收土地照片已经证明某县人民政府实施了征收上诉人土地的具体行政行为，上诉人行政复议申请符合法定的受理条件。

上诉人提交的征收土地照片已经证明某县人民政府实施了征收上诉人土地的具体行政行为。根据《土地管理法》（2004）第46条第1款[①]规定："国家征收土地的，依照法定程序批准后，由县级以上地方人民政府予以公告并组织实

① 《土地管理法》2019年修订后，现为第47条第1款。

施。”《土地管理法实施条例》（2014）第25条[①]规定：“征收土地方案经依法批准后，由被征收土地所在地的市、县人民政府组织实施……”《国土资源部关于进一步做好征地管理工作的通知》第5条第12项[②]规定：“强化市县政府征地实施主体职责。依照法律规定，市县政府是征地组织实施的主体，对确定征地补偿标准、拆迁补偿安置、补偿费用及时足额支付到位、组织被征地农民就业培训、将被征地农民纳入社会保障等负总责……”根据上述规定可知，县级人民政府是实施征地的主体，在一审庭审中，上诉人王某力陈案发当天某县政府有关领导参与了征地，被上诉人也仅仅是说上诉人未能提供证明该行为存在的书面材料。一审法院则质疑征地行为是否存在，如此增加上诉人的证明责任，无异于剥夺上诉人的救济权利。

《行政复议法实施条例》第28条规定：“行政复议申请符合下列规定的，应当予以受理：（一）有明确的申请人和符合规定的被申请人；（二）申请人与具体行政行为有利害关系；（三）有具体的行政复议请求和理由；（四）在法定申请期限

① 《土地管理法实施条例》2021年修订后，现为第31条。

② 为贯彻实施新修的《土地管理法》，2020年被清理废止。现参见2019年修订的《土地管理法》第47条等相关规定。

内提出；（五）属于行政复议法规定的行政复议范围；（六）属于收到行政复议申请的行政复议机构的职责范围；（七）其他行政复议机关尚未受理同一行政复议申请，人民法院尚未受理同一主体就同一事实提起的行政诉讼。”其中并未要求行政复议申请必须提供载明原具体行政行为的法律文书，上诉人完全符合行政复议受理条件。一审法院不以《行政复议法》及《行政复议法实施条例》关于行政复议受理条件的规定作为判断被上诉人行为是否合法的依据，在无任何法律依据的情况下增加上诉人的证明责任，违反法律规定，据此作出的判决依法应当撤销。

（三）一审法院声称上诉人不能证明征地行为属于行使社会公共管理职能的行政行为无任何法律依据，据此作出一审判决违反法律规定，依法应当撤销。

根据《土地管理法》第2条、《物权法》第42条[①]、《土地管理法》第46条、《土地管理法实施条例》第25条等规定可知，征收土地的目的是公共利益，实施征地的主体是县级人民政府，征地自然是具有社会管理职能的行为。

① 《民法典》颁布实施后，现为《民法典》物权编第248条。

《行政复议法》第30条第1款规定:“公民、法人或者其他组织认为行政机关的具体行政行为侵犯其已经依法取得的土地、矿藏、水流、森林、山岭、草原、荒地、滩涂、海域等自然资源的所有权或者使用权的，应当先申请行政复议……”根据这一规定，征收土地的案件必须申请行政复议。基于此，一审法院作出的一审判决违反法律规定，依法应当撤销。

（四）被上诉人未依法履行行政复议职责，依法应当确认违法。

根据《行政复议法》第3条、第4条、第17条以及《行政复议法实施条例》第27条“公民、法人或者其他组织认为行政机关的具体行政行为侵犯其合法权益提出行政复议申请，除不符合行政复议法和本条例规定的申请条件的，行政复议机关必须受理”的规定，被上诉人对于上诉人符合受理条件的行政复议申请不予受理，违反法律规定，依法应当确认违法。

三、案件总结

对于村民而言，土地就是其生存的基础。在征地过程中，应当保障相应渠道，让被征地人表达自己的诉求。在征地批复的复议审理中，复议机关应审查批复自身报批程序的合法性，也应审查批复批准征收后发生的实施行为的合法性。本案中，复议机关和一审法院，对王某等人表达自己诉求的申请置之不理，于法无据。一审法院以王某等人针对其他行政行为提起的诉讼作为王某等人不能再次提出复议的理由，已经超出复议机关的答辩意见。人们在生活中若遇到此类违法行为，应当诉诸法律途径，积极维护自身合法权益。

超过期限未作出土地权属争议调查处理决定

——广东省某市政府超过期限未作出土地权属争议调查处理决定案

一、基本案情

广东某市梁某等32户村民因土地权属争议纠纷依法委托我所代理案件，我所指派律师承办此案件。承办律师接受委托之后认真审阅了案件材料，通过调查取证，指导委托人收集了案件的关键证据，经团队集体研究，制订了总体办案方案。承办律师指导梁某依法提出土地权属争议复议申请，但某市政府超过期限仍未作出土地权属争议调查处理决定。

二、律师办案

因某市政府超期未作出处理决定，故承办律师指导梁某依法向广东省人民政府提出行政复议申请，请求依法确认某市政府超过法定期限未履行法定职责的具体行政行为违法，并责令某市政府限期对涉案405.084亩集体农用土地权属争议一案作出处理决定。复议过程中，承办律师发表如下意见。

申请人因与开发区建设发展有限公司就“假坦”405.084亩集体农用土地权属存在争议，依法向某市人民政府提出土地权属争议调查处理申请，2019年6月14日某市人民政府针对申请人的申请作出复函：“市政府已经责成市自然资源局牵头会同开发区管委会依法依规办理，请径与市自然资源局衔接办理。”随后申请人与某市自然资源局联系，2019年7月23日，某市自然资源局作出受理通知，根据《土地权属争议调查处理办法》第28条“国土资源行政主管部门应当自受理土地权属争议之日起6个月内提出调查处理意见。因情况复杂，在规定时间内不能提出调查处理意见的，经该国土资源行政主管部门的主要负责人批准，可以适当延长”的规定，2020年1月17日，某市自然资源局作出了《延期调查处理通知书》（自然资调处〔2020〕14号），将调查处理期限延长120日。

延期届满后，申请人多次与市自然资源局联系，在联系无果的情况下，申请人与被申请人某市人民政府联系，并以书面形式将本案情况依法告知市人民政府。根据《土地权属争议调查处理办法》第4条第1款的规定，县级以上国土资源行政主管部门负责土地权属争议案件的调查和调解工作；对需要依法作出处理决定的，拟定处理意见，报同级人民政府作出处理决定。因此，某市人民政府依法负有作出处理决定的职责，但被申请人并未在法定期限内履行应负职责，依法应当确认违法。

《行政复议法》第28条第1款规定："行政复议机关负责法制工作的机构应当对被申请人作出的具体行政行为进行审查，提出意见，经行政复议机关的负责人同意或者集体讨论通过后，按照下列规定作出行政复议决定：……（二）被申请人不履行法定职责的，决定其在一定期限内履行……"根据这一规定，应当决定被申请人在一定期限内履行职责。

因承办律师与复议机关沟通良好，在复议期间某市政府就作出了处理决定，梁某等人撤回复议申请。

三、案件总结

本案事实清楚，法律关系简单，承办律师稳扎稳打，步步为营，以法律作为行为准备，积极为当事人争取合法权益，有理有利有节，最终使梁某等人的复议请求得以实现。

八、不履行信息公开案

信息不存在是否不需要回复?

——陕西省宝鸡市中级人民法院判决某区政府限期履行信息公开职责案

一、基本案情

陕西省宝鸡市秦某于2018年7月31日向被告寄交信息公开申请及身份权属材料，申请某区政府公开《宝鸡市某区陇某北路项目房屋征收决定和征收补偿方案》某区政府于2018年8月1日签收，但超过法定期限尚未作出信息公开答复。

二、律师办案

针对被告超期未履责的行为，承办律师指导秦某依法诉至宝鸡市中级人民法院。在诉前承办律师积极指导秦某收集固定证据，起诉之后积极与法院沟通反映案件的事实，查阅被告答辩意见和提交的证据，制定诉讼策略，事先进行庭审模拟，研判诉讼过程中对方的观点，在庭审时发表如下意见。

（一）被告将住建局向原告邮寄材料的快递作为自己向原告邮寄材料的证据，以虚假证明妨碍法院审理案件，依法应当给予相应处罚。

被告所提供的快递单，寄件人为杨某，单位是住建局，快递单号为×××××××××，邮寄时间为2018年8月11日。经比对，该快递单是住建局向原告邮寄《宝鸡市城乡建设局关于某区陇某北路和北某路规划坐标及断面形式的批复》《某区陇某路工程的道路平面图（二）》的快递单。在本案中，被告不仅将住建局的快递单作为自己邮寄宝某政办发〔2014〕136号通知的证据，还到邮局打印流水单，加以佐证，显然不是疏忽大意。根据《行政诉讼法》第59条第1款第2项的规定，诉讼参与人或者其他人伪造、隐藏、毁灭证据或者提供虚假证明材料，妨碍人民法院审理案件的，人民法院可以根据情节轻重，予以训诫、责令具结悔过或者处1万元以下的罚款、15日以下的拘留；构成犯罪的，依法追究刑事责任。本案中，被告作为行政机关，却提供虚假证明，妨碍人民法院审理案件，依法应当给予相应处罚。

（二）被告作为原告要求公开信息的制作和保存机关，依法应为本案原告申请信息公开的受理单位，并负有履行信息公开职责。

《国有土地上房屋征收与补偿条例》第 8 条规定：“为了保障国家安全、促进国民经济和社会发展等公共利益的需要，有下列情形之一，确需征收房屋的，由市、县级人民政府作出房屋征收决定……” 第 10 条规定：“房屋征收部门拟定征收补偿方案，报市、县级人民政府。市、县级人民政府应当组织有关部门对征收补偿方案进行论证并予以公布，征求公众意见。征求意见期限不得少于 30 日。”《政府信息公开条例》（2007）第 17 条规定：“行政机关制作的政府信息，由制作该政府信息的行政机关负责公开；行政机关从公民、法人或者其他组织获取的政府信息，由保存该政府信息的行政机关负责公开。法律、法规对政府信息公开的权限另有规定的，从其规定。”① 根据上述规定可知，被告为本案中原告要求公开信息的制作和保存机关，依法应为本案原告申请信息公开的受理单位，负有履行信息公开职责。

① 2019 年《政府信息公开条例》修订，本条调整为第 10 条第 1 款。

（三）被告超过法定期限未作出答复，所提供的证据并不能说明已履行信息公开职责。

原告于2018年7月31日向被告寄交信息公开申请及身份权属材料，被告于2018年8月1日签收，但至今尚未作出信息公开答复。《政府信息公开条例》（2007）第24条第1款、第2款规定："行政机关收到政府信息公开申请，能够当场答复的，应当当场予以答复。行政机关不能当场答复的，应当自收到申请之日起15个工作日内予以答复；如需延长答复期限的，应当经政府信息公开工作机构负责人同意，并告知申请人，延长答复的期限最长不得超过15个工作日。"① 根据这一规定，被告不履行信息公开职责的具体行政行为违法、错误，依法应当确认违法，并判决被告限期提供原告申请公开的信息。

原告要求公开的信息内容为《宝鸡市某区陇某北路项目房屋征收决定和征收补偿方案》，宝某政办发〔2014〕136号文件并非原告要求公开的信息。因此，被告所称2018年7月30日曾经向原告代理人提供该文件，不能视为已经履行信息

① 2019年《政府信息公开条例》修订，原第24条调整为第33条，第2款修改为："行政机关不能当场答复的，应当自收到申请之日起20个工作日内予以答复；需要延长答复期限的，应当经政府信息公开工作机构负责人同意并告知申请人，延长的期限最长不得超过20个工作日。"

公开职责。

最终法院依法支持了原告秦某的诉求，判决被告在 30 日内依法履行信息公开的法定职责。

三、案件总结

本案事实清楚，法律关系简单。庭审之时，被告强调原告所申请信息公开材料不存在。那么，是否信息不存在就可以作为不进行答复的理由呢？判决结果已做了解答。原因在于申请人并不知晓该信息是否存在，另外，没有信息本身就是一种信息。信息公开的结果在很多时候是其他法律程序的证据，作为总体办案方案的一个必要组成部分不可或缺，因此负有信息公开职责的机关应当依法履责。

申请书的格式并非指定格式，行政机关是否可以拒绝公开信息？

——四川省凉山彝族自治州国土资源局责令某市国土局限期履行信息公开职责案

一、基本案情

2014 年 6 月 16 日，四川省凉山彝族自治州某市村民王某依法向某市国土资源局提起信息公开申请，要求提供某资源综合利用项目的征地批准文件及相关报批材料、征地公告、征地补偿安置方案。后申请人向市国土资源局询问信息公开办理进展，市国土资源局称正在办理过程中，但直到超过法定期限，市国土资源局仍未依法向王某提供申请公开的材料。

二、律师办案

承办律师指导王某依法向凉山彝族自治州国土资源局申

请行政复议，请求责令某市国土资源局依法履行信息公开职责，向王某提供某资源综合利用项目的征地批准文件及相关报批材料、征地公告、征地补偿安置方案等申请信息公开的材料。复议期间承办律师依法发表如下意见。

根据《政府信息公开条例》（2007）第11条第3项的规定，设区的市级人民政府、县级人民政府及其部门重点公开的政府信息还应当包括征收或者征用土地、房屋拆迁及其补偿、补助费用的发放、使用情况。[①] 根据《国土资源部办公厅关于进一步做好市县征地信息公开工作有关问题的通知》（国土资厅发〔2014〕29号）[②] 的规定，申请人申请公开材料属于法定公开职责内容，被申请人负有信息公开职责。此外，《政府信息公开条例》（2007）第24条第1款、第2款规定："行政机关收到政府信息公开申请，能够当场答复的，应当当场予以答复。行政机关不能当场答复的，应当自收到申请之日起15个工作日内予以答复；如需延长答复期限的，应当经政府信息公开工作机构负责人同意，并告知申请人，延长答复

① 现参见2019年修订的《政府信息公开条例》第21条。

② 为贯彻实施新修的《土地管理法》，2020年被清理废止。

的期限最长不得超过 15 个工作日。”[①] 根据这一规定，现被申请人已经超法定的 15 个工作日期限，依法应确认违法。

《行政复议法》第 28 条第 2 项规定：“行政复议机关负责法制工作的机构应当对被申请人作出的具体行政行为进行审查，提出意见，经行政复议机关的负责人同意或者集体讨论通过后，按照下列规定作出行政复议决定：……（二）被申请人不履行法定职责的，决定其在一定期限内履行。”根据这一规定，应当决定被申请人在一定期限内履行职责。

复议机关未采纳被申请人辩称申请人填写的申请信息公开申请表不符合指定格式的意见，最终支持了王某的复议请求，责令被申请人 15 日内为王某申请公开的征地信息提供查询方便，并及时公开征地信息。

三、案件总结

本案中，对于王某的信息公开申请，负有公开信息职责的机关先以申请人填写信息不合格为由不受理，后以未提供

① 2019 年《政府信息公开条例》修订，原第 24 条调整为第 33 条，第 2 款修改为：“行政机关不能当场答复的，应当自收到申请之日起 20 个工作日内予以答复；需要延长答复期限的，应当经政府信息公开工作机构负责人同意并告知申请人，延长的期限最长不得超过 20 个工作日。”

律师事务所代理函为由未受理，受理之后出具了与申请人要求公开内容不相符的材料。对于本应主动公开的信息，被申请人几次违反法律规定不予以受理，或不按照申请人的申请公开信息，做法实在不可取。

联系不上申请人是否可以作为拒不公开信息的理由？

——河南省商丘市国土资源局责令某区国土资源局限期履行信息公开职责案

信息公开是公民、法人、其他组织获取信息的主要渠道，凡符合法定条件的，必须依法公开。对于行政机关而言，在提出复议申请之后，申请人在信息公开申请中载明了通信地址及要求回复的形式，作为受理机关依法应当履行法定职责。

一、基本案情

前文曾介绍了河南省商丘市某服装厂、某电动车厂不服征收决定一案，本案属于同一委托人在信息公开过程中，因受理公开机关未履行法定职责，所提起的行政复议程序。

某服装厂、某电动车厂位于某棚户区改造项目范围内，为了解该项目是否办理相关手续，于 2017 年 3 月 3 日依法向某区国土资源局申请公开该棚户区改造项目征地批准文件及相关报批材料（包括一书四方案、勘测定界图等）、征收土地方案、征地补偿安置方案、征地报批前征地调查结果、听证笔录、用地批准后征地补偿登记材料、征地补偿费支付相关凭证。被申请人于 2017 年 3 月 6 日收到了申请人的申请，但一直未提供申请人要求公开的材料。

二、律师办案

针对本案，代理律师依法向商丘市国土资源局申请行政复议。根据《政府信息公开条例》（2007）第 24 条第 1 款、第 2 款“行政机关收到政府信息公开申请，能够当场答复的，应当当场予以答复。行政机关不能当场答复的，应当自收到申请之日起 15 个工作日内予以答复……”[①]及《国土资源部办公厅关于进一步做好市县征地信息公开工作有关问题的通知》[②]等规定，被申请人超过法定时限，拒不公开应当公开的政府信息，违反法律规定。案件受理之后某区国土分局被确认违法，并责令其在 15 日内依法作出答复。

① 2019 年《政府信息公开条例》修订，原第 24 条调整为第 33 条，第 2 款修改为：“行政机关不能当场答复的，应当自收到申请之日起 20 个工作日内予以答复；需要延长答复期限的，应当经政府信息公开工作机构负责人同意并告知申请人，延长的期限最长不得超过 20 个工作日。”

② 为贯彻实施新修订的《土地管理法》，2020 年被清理废止。

三、案件总结

本案中，被申请人以联系不上申请人作为超期未作出答复的理由，显然无法得到复议机关的采纳，因为申请人提交的信息公开申请表中明确载明了通信地址和联系电话，即使一时联系不上申请人，也绝不能将此作为超期不予以答复的理由。信息公开在办理案件中具有特别重要的意义，不仅是判断某一行为是否合法的证据，也是了解基本案情所倚重的方法，具有保障公民、法人和其他组织依法获取政府信息，提高政府工作的透明度，建设法治政府，充分发挥政府信息为人民群众生产、生活和经济社会活动提供服务的作用。

九、不履行补偿协议案

政府不履行补偿协议怎么办？

——四川省凉山彝族自治州某市政府不履行补偿协议案

“自古驱民在信诚，一言为重百金轻。”在建设诚信社会的今天，政府应该作为守法诚信的模范，积极履行行政协议。

一、基本案情

前文曾介绍了四川省凉山彝族自治州某市村民王某因不服某市政府附着物补偿标准，依法向凉山彝族自治州人民政府提出征地补偿协调申请一案，最终，在州政府主持之下，王某与某市政府达成了《征地补偿行政调解协议》，然而市政府却拒不依法履行协议。王某不服，依法诉至凉山彝族自治州人民法院，请求依法判令某市人民政府限期履行《征地补偿行政调解协议》，约定：（1）按照西府办发〔2009〕116 号文件规定，以 10400 元 / 亩的标准对王某种植的 12.56 亩青花椒进行补偿；（2）出具5.098亩开荒地桑园的土地增值费已经补偿到具体村组的证明；（3）按照商店建（构）筑物状况补偿标准进行补偿。

二、律师办案

在诉讼过程中，针对某市政府的答辩意见，承办律师主要强调了如下几点意见。

（一）王某向凉山彝族自治州人民政府申请征地补偿标准协调具有充分的法律依据，程序合法。

根据《土地管理法实施条例》第25条第3款“对补偿标准有争议的，由县级以上地方人民政府协调；协调不成的，由批准征收土地的人民政府裁决”及《国土资源部关于加快推进征地补偿安置争议协调裁决制度的通知》（国土资发〔2006〕133号）[①]第2条第3项“必须规范协调和裁决的程序。在程序设定上，首先必须贯彻协调前置、重在协调的原则，即当事人应当先向拟定征地补偿安置方案的市、县人民政府

① 《土地管理法实施条例》2021年修订后，第25条第3款规定的征地补偿“协调”与“裁决”已被删除。《国土资源部关于加快推进征地补偿安置争议协调裁决制度的通知》2020年也被清理废止。有关条文中，均不再规定征地补偿协调制度。

的上一级人民政府申请协调”等规定，王某向凉山彝族自治州人民政府申请征地补偿标准协调，凉山彝族自治州人民政府根据法定职责召开协调会议，主持协调，并作出《征地补偿行政调解协议》，双方均已签署同意，该协议已经发生法律效力。

王某曾经向某市政府申请行政复议是因为某资源综合利用项目征地拆迁安置协调领导小组、某乡人民政府在未取得合法征地批文的情况下就征收申请人土地，铲除了王某种植的青花椒，与本案主体、法律关系均不同，不能因为王某曾经提出过行政复议，就不允许其申请征地补偿标准协调，某市政府就可以不履行《征地补偿行政调解协议》。某市政府称王某申请协调无法律依据，这一主张既无事实基础也没有法律依据，依法不能成立。

（二）双方已经签署《征地补偿行政调解协议》，并经凉山彝族自治州人民政府确认，该协议已经发生法律效力，某市政府依法应当及时、全面、妥善履行义务。

根据《国土资源部关于加快推进征地补偿安置争议协调裁决制度的通知》（国土资发〔2006〕133号）第2条第3

项[①]“协调意见书经双方当事人签字同意后，即发生法律效力。其次要体现便民、高效和公开的原则”的规定，经凉山彝族自治州人民政府调解，双方签字盖章同意后，《征地补偿行政调解协议》即已发生法律效力。

《最高人民法院关于适用〈中华人民共和国行政诉讼法〉若干问题的解释》第14条规定：“人民法院审查行政机关是否依法履行、按照约定履行协议或者单方变更、解除协议是否合法，在适用行政法律规范的同时，可以适用不违反行政法和行政诉讼法强制性规定的民事法律规范。”根据这一规定，审理行政协议案件，需要适用相关民事法律规范。

根据《合同法》第44条第1款规定：“依法成立的合同，自成立时生效。”第8条第1款规定：“依法成立的合同，对当事人具有法律约束力。当事人应当按照约定履行自己的义务，不得擅自变更或者解除合同。”第60条第1款规定：“当事人应当按照约定全面履行自己的义务。”[②]根据上述规定，市政府应当按照约定全面履行自己的义务。行政协议是行政机关为实现公共利益或者行政管理目标，在法定职责范围内与

① 《国土资源部关于加快推进征地补偿安置争议协调裁决制度的通知》2020年被清理废止。有关条文中，也不再规定征地补偿协调制度。

② 《合同法》已失效，现参见《民法典》第456条、第533条、第509条第1款。

公民、法人或者其他组织协商订立的具有行政法上权利义务内容的协议，强调诚实信用、平等自愿，一经签订，各方当事人必须严格遵守，行政机关无权在协议生效后单方附加另一方当事人义务或变更协议内容，也不可擅自解除协议。

综上，根据《行政诉讼法》第78条第1款规定：“被告不依法履行、未按照约定履行或者违法变更、解除本法第十二条第一款第十一项规定的协议的，人民法院判决被告承担继续履行、采取补救措施或者赔偿损失等责任。”因此，依法应当判决市政府限期全面履行《征地补偿行政调解协议》。

（三）王某主张内容在协议约定范围之内，不存在要求过高的问题。某市政府不履行协议在先，反称王某要求过高，将自己不履行协议的过错归因于王某，无事实基础和法律依据。

王某请求依法判令某市政府限期履行《征地补偿行政调解协议》约定：（1）按照西府办发〔2009〕116号文件规定以10400元/亩的标准对王某种植的12.56亩青花椒进行补偿；（2）出具5.098亩开荒地桑园的土地增值费已经补偿到具体

村组的证明；（3）按照商店建（构）筑物状况补偿标准进行补偿。这些完全是协议约定内容，不存在要求过高的问题。

（四）本案不存在经济林和种植密度的问题，因为根据《征地补偿行政调解协议》第3条的规定，王某具有选择的权利，且无任何前置条件。

根据双方签署同意并经凉山彝族自治州人民政府盖章确认的《征地补偿行政调解协议》第3条规定："对王某12.56亩（413株）青花椒的补偿，本着使其利益最大化原则，由王某本人选择按照西府发〔2008〕141号或西府办发〔2009〕116号文件，规定的标准进行计算补偿。"在选择适用上述具体标准之时，无任何前置条件，某市政府以王某种植青花椒不属于成片经济林、种植密度低不能适用西府办发〔2009〕116号文件确定的补偿标准，既违反协议约定，也没有事实基础，该主张不能成立。

王某种植的青花椒属于成片经济林。首先，经济林是与防护林相对而言，以生产木料或其他林产品直接获得经济效益为主要目的的森林，包括特用经济林、薪炭林等。王某种植的是青花椒，种植的目的是采摘花椒出售，完全符合经济林的特征。其次，所谓成片，是相对于零星种植而言的。王某种植面积达 12.56 亩，并非在房前屋后种植的用于自给自足的零星经济林木，而是以交换为目的的，应当属于成片经济林。

首先，王某种植青花椒的密度符合青花椒的生物习性和种植目的需要，不存在某市政府所称种植密度不够的问题。某市林业局已经说明："花椒因生长习性和立地条件不同，成树冠幅差异较大，因此，各地栽植密度不一。"王某所种植的青花椒，喜光性强，树冠直径平均 5 米左右，树冠面积约 10 平方米。一亩地为 666.6 平方米，加上株距、行距，一亩地最多种植 30 棵。王某共有 413 株，面积 12.56 亩，平均每亩地为 32.8 株，已经属于种植密度相对较高的情况了。

其次，某市林业局所说密度适用于退耕还林，主要是用于防风固沙、水土保持，目的是改善生态环境；王某种植青花椒的目的是丰产丰收，采摘花椒，与前者不同，如果按照某市林业局的种植标准根本无法取得最佳收益。因此，不能适用某市林业局的种植密度作为标杆，衡量王某种植密度的高低。另外，值得注意的是，某市林业局在针对某资源综合利用项目征地拆迁安置协调领导小组、政策法规组对于本地实际种植的青花椒补偿标准请示的复函中青花椒为10260元/亩。

王某认为房屋拆迁补偿协议不合法。首先，王某的父亲签订《房屋拆迁补偿安置协议》（附件中有《建（构）筑物、附着物补偿计算表》）时王某本人并不知情，事后也未进行追认。某市国土资源局在情况说明中也提到王某不服某市政府在某资源综合利用项目征地拆迁中对于青花椒和商店的补偿。

其次，王某之父并非青花椒土地的承包经营权人，根据《土地管理法实施条例》第26条第1款“地上附着物及青苗补偿费归地上附着物及青苗的所有者所有”的规定，王某之父无权就青花椒附着物补偿标准签订补偿协议，其所签协议涉及青花椒补偿款部分应属无效。

最后，王某没有主动领取青花椒附着物补偿款，而是某资源综合利用项目征地拆迁安置协调领导小组主动将上述补偿款打入王某的父亲银行账户中。因此，不能据此表示王某认可该补偿标准。

按照西府发（2008）141号文件，413株青花椒如果按照60元/株进行补偿，补偿费为24780元；如果按照（2009）116号文件，补偿费为130624元；即使按照某市林业局《对关于〈青椒补偿标准的请示〉的复函》中盛果期的青花椒补偿标准 10260 元 / 亩，补偿费也达到 128865.6 元。两个文件相差不到一年，上述关于附着物补偿标准如何计算的文件虽然作出于征收王某土地后，但实际上是对事实的认定，并未创设新的权利义务，也不是因物价水平提高而调整，而是为了防止以抢种方式套取补偿款，使补偿更加合理所做的改变。因此，不能盲目套用不溯及既往原则，相反应当溯及既往，以使被征地农民获得合理、合法的补偿。王某种植的 12.56 亩青花椒共 413 株，按 60 元 / 株的标准所得补偿款为 24780 元，按照 10400 元 / 亩的标准所得补偿款则为 130624 元。时间相差仅 11 个月，补偿数额却相差 10 万余元，侵犯了王某的合法权益。

一审法院审理之后以《征地补偿行政调解协议》约定不明为由作出要求双方对《征地补偿行政调解协议》进行补充的判决。王某不服，依法上诉至四川省高级人民法院。审理过程中承办律师依法发表代理意见，为王某据理力争，最终促使案件承办法官到凉山彝族自治州组织双方协调，因协调未果，作出撤销一审判决发回重审的裁定。最终本案在发回重审期间，在凉山彝族自治州中级人民法院的主持之下依法达成了和解协议。

三、案件总结

律师不能改变事实，也不能创造法律，所能够做到的就是在法律规定的范围之内，根据现有的事实证据和法律法规维护当事人的合法权益，而无理的诉求是无法得以实现的。

本案当事人信任律师，相信法律和法院，锲而不舍地依法维权，是其合法权益得到维护的前提。承办律师兢兢业业穷尽所有救济途径，在一个程序之中穷尽所有法律法规，以促使诉求得以实现，是当事人合法权益得到维护的保证。律师代理案件要从实务角度实现当事人利益最大化，启动法律程序为双方协商搭建了平等对话的平台，能够通过协商的途径化解矛盾纠纷，不仅可以节约行政、司法资源，也节约了委托人的时间，减轻了其经济负担和心理压力。

图书在版编目（CIP）数据

房屋征收、征地补偿法律问题一本通：案例解读版／贾国昌，谭朋涛著．—北京：中国法制出版社，2022.4

ISBN 978-7-5216-2422-9

Ⅰ.①房… Ⅱ.①贾…②谭… Ⅲ.①土地征用-补偿-土地法-基本知识-中国 Ⅳ.①D922.39

中国版本图书馆CIP数据核字（2022）第007651号

策划编辑：杨　智　　责任编辑：王　悦　　封面设计：杨泽江

房屋征收、征地补偿法律问题一本通：案例解读版

FANGWU ZHENGSHOU、ZHENGDI BUCHANG FALÜ WENTI YIBENTONG：ANLI JIEDUBAN

著者/贾国昌，谭朋涛

经销/新华书店

印刷/三河市国英印务有限公司

开本/880毫米×1230毫米　32开　　印张/7　字数/88千

版次/2022年4月第1版　　2022年4月第1次印刷

中国法制出版社出版

书号 ISBN 978-7-5216-2422-9　　定价：42.80元

北京市西城区西便门西里甲16号西便门办公区

邮政编码：100053　　传真：010-63141600

网址：http：//www.zgfzs.com　　编辑部电话：010-63141831

市场营销部电话：010-63141612　　印务部电话：010-63141606

（如有印装质量问题，请与本社印务部联系。）